摩登田野

艺术设计
助力新海派乡村振兴实践

主　编　程雪松
副主编　葛天卿　崔仕锦

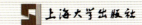

图书在版编目（CIP）数据

摩登田野：艺术设计助力新海派乡村振兴实践 / 程雪松主编；葛天卿，崔仕锦副主编. -- 上海：上海大学出版社，2022.11
ISBN 978-7-5671-4566-5

Ⅰ. ①摩… Ⅱ. ①程… ②葛… ③崔… Ⅲ. ①农村文化－文化艺术－研究－上海 Ⅳ. ① G127.51
中国版本图书馆CIP数据核字（2022）第 208053 号

摩登田野：艺术设计助力新海派乡村振兴实践

主编　程雪松　　副主编　葛天卿　崔仕锦

封面题字　曾成钢
策　　划　农雪玲
责任编辑　农雪玲
书籍设计　张楠楠　缪炎栩
插图绘制　窦志宸
技术编辑　金　鑫　钱宇坤

出版发行	上海大学出版社出版发行
地　　址	上海市上大路99号
邮政编码	200444
网　　址	www.shupress.cn
发行热线	021-66135109
出 版 人	戴骏豪
印　　刷	江阴市机关印刷服务有限公司
经　　销	各地新华书店
开　　本	787 mm×1092 mm　1/16
印　　张	12.5
字　　数	250 千
版　　次	2023 年 1 月第 1 版
印　　次	2023 年 1 月第 1 次
书　　号	ISBN 978-7-5671-4566-5/G·3470
定　　价	78.00 元

版权所有　侵权必究
如发现本书有印装质量问题请与印刷厂质量科联系
联系电话：0510-86688678

序

2022年2月28日，在疫情袭来的夹缝中，"摩登田野——2022新海派乡村美育展"在上海市奉贤区江海村的蔬菜大棚里开幕，作为本次活动的承办者，上海大学上海美术学院的师生们克服了重重困难，以饱满的热情和生动的创意，在上海的郊野让艺术的花园鲜花绽放，为人民、为城市、为乡村献上自己的作品和祝福。

上海大学上海美术学院始终以构建国际都市美院中国坐标、深美中国为己任，近年来大力推进新文科和新艺科的发展。学院现有美术学、设计学和艺术学理论3个一级学科博士点，1个建筑学硕士点，7个国家级、3个上海市级一流专业建设点；依托钢铁遗存转型的宝武主校区建设稳步推进；以为人民、为艺术、为生活、为城市为使命的美院人，正在奋力打造与社会主义现代化大都市相匹配的世界一流美术学院。近年来，美院设计学科以研究与重塑当代中国经济社会发展中的生活方式、文化品位、都市生态系统为己任，聚焦国际国内重大展览美学传播、百年上海设计及研究、艺术＋科技创新创业服务、环境美育与人民城市建设、非遗传承创造品质生活等核心方向，在服务上海及长三角都市和乡村建设的同时，致力于培养与上海国际大都市发展需求相匹配的专业设计人才。

2021年4月习近平总书记在清华美院考察时指出："要发挥美术在服务经济社会发展中的重要作用，把更多美术元素、艺术元素应用到城乡规划建设中，增强城乡审美韵味、文化品位"；2021年底在中国文学艺术界联合会第十一次全国代表大会、中国作家协会第十次全国代表大会开幕式上的讲话中又指出"广大文艺工作者要紧跟时代步伐，从时代的脉搏中感悟艺术的脉动，把艺术创造向着亿万人民的伟大奋斗敞开，向着丰富多彩的社会生活敞开"。由我题写名称并担任总顾问的"摩登田野——2022新海派乡村美育展"努力践行总书记讲话精神，贯彻"以美为媒，以美育人"，推动美育对乡村生产、生活、生态和生命的观照，促进海派文化的创造性转化和创新性发展。展览选址在乡村基层的田间地头，通过艺术家和设计师的文心慧眼、妙笔巧手让田野彰显美的追求、高的颜值和暖的表情，希望本次活动能够带给参观者美好的视觉体验和心灵滋养，也衷心祝愿上海大学上海美术学院师生，继续坚持以人民为中心的创作导向，在祖国自然广袤的田野上，创作出更多、更好的作品，为我国的乡村振兴和乡村美育事业做出更大的贡献。

中国美术家协会副主席
中国雕塑学会会长
上海大学上海美术学院院长

目录

大棚插图 — 001

第一章
主题阐释和演绎

- 1.1 主题阐释 — 002
- 1.2 选址和空间规划 — **003**
- 1.3 视觉设计 — 008

第二章
艺术设计作品及阐释

- 2.1 艺术装置 — 012
- 2.2 在地创作 — 017
- 2.3 设计案例 — 023
- 2.4 美育活动 — 029
- 2.5 大棚手绘 — 034

第三章
论坛"摩登田野：艺术赋能乡村"

- 3.1 领导致辞 — 040
- 3.2 上半场：艺术赋能乡村 — 042
- 3.3 下半场：乡村赋能艺术 — 056

第四章
媒体评论

- 4.1 摩登田野可以有多美 — 076
- 4.2 奉贤江海村：种植大棚何以"变身"美术馆 — 080
- 4.3 田间大棚"种"艺术 — 082
- 4.4 艺术赋能乡村，田野亦能摩登 — 085
  ——乡村振兴让艺术开路
- 4.5 其他报道媒体 — 095

第五章
论文：艺术设计新场域

5.1 乡村的土壤亦是美育的孵化地	098
5.2 建筑现象学视野中的乡村环境设计研究	105
——以浙江省松阳县的实践为例	
5.3 试论艺术介入视角下的"乡村可阅读"	118
——以"摩登田野：2022新海派乡村美育展"为例	
5.4 介入、融合与传播：光艺术赋能乡村建设	127
——以《乡遇·摩登》为例	
5.5 环境装饰与陈设课程背景下的创作实践	132
——以生长的石头《太湖石·构建》系列创作为例	
5.6 新海派乡村民宿设计思考	138
5.7 从艺术乡建到筑梦之旅：以"摩登田野"为例	145
5.8 文旅融合视角下的乡镇商业环境更新	154

附录
活动照片

附录1 展览现场	162
附录2 视觉衍生品	170
附录3 大棚后续利用效果	176
附录4 江海村影像	178
附录5 后续参展	182

闲话"摩登田野"
——代后记

186

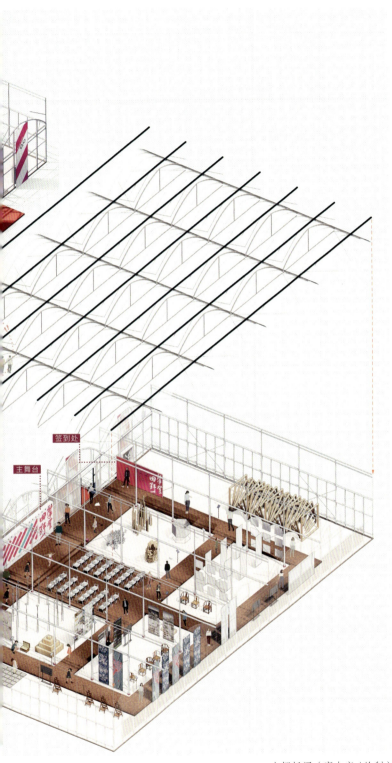

大棚插图（窦志宸/绘制）

第一章　主题阐释和演绎

1.1 主题阐释

1.2 选址和空间规划

1.3 视觉设计

1.1 主题阐释

主题：摩登田野

展览命名为"摩登田野"，意图创立一个艺术设计介入乡村振兴的新范式。"摩登"即 Modern，词源是 Mod，意为"新潮""时髦"，本来用于表现都市的"现代性"。"摩登"主题出乎意料地用于乡村，正是希望解构乡村陈旧、落后的传统形象，构建现代乡村新形象。以"田野"诠释"大棚"，意指大棚是土地的衍生品，虽由人工构建，实为自然的一部分，强化了乡村场域广袤无垠、无拘无束的感觉，富有生机和野趣。来到现场的村民不难感受到在大都市的郊外，田野是流淌时尚气质的现代场域，是海派文化传承和发展的家园。"摩登田野"这一表达，体现新海派乡村与传统互动、与都市融合、与世界对话的意涵。展览四字主题由雕塑家曾成钢题写，刀劈斧凿般的笔法，挟裹风雷之声、金石之气，塑造了一个艺术家心目中任意驰骋、充满活力的当代乡村意象，也同人们惯常思维里的乡村印象大相径庭，反差剧烈，传递出乡村的生命能量和多元价值。

分主题一：归田

展现人和田野、自然的关系。人不负青山，青山定不负人。"自然馈赠人类，人类反哺自然，田野亦是艺术创作的沃土。"以在地性的田野创作展现人和土地、田野的关系。

分主题二：归家

演绎人与生活、生产、生态空间的关系，意在用美丽乡村环境建筑的模型、影像来展现乡村建造的诗意美学，并通过展出富有时代印记与烟火气的老物件，勾起人们对于乡土生活的共同记忆。

分主题三：归艺

讲述人与艺术的关系，旨在通过摄影作品和装置艺术，讨论乡村作为人的发展平台，是推动民间艺术、手工艺的传承和嬗变的重要场域。

分主题四：归心

探讨乡村社会中人与人之间、人和自己内心的关系，尝试用绘画作品、装置艺术和影像，进行一次落位于乡村的心灵归航。人与人的情感在乡村自然的广袤天地里生长，乡里乡亲的和谐包容，乡村社会的帮扶互助，爱是乡村的主旋律，也是生命的主旋律，正如辛弃疾词所云："我见青山多妩媚，料青山见我应如是"。

1.2 选址和空间规划

奉贤区是上海的农业特色区，奉贤区博物馆的馆长向我们推荐了江海村，因为这里还有良渚文化的加持，乡村邂逅艺术，形成了本次乡村美育展的概念萌芽。

经过多次到现场踏勘调研，"摩登田野"的展览现场选择在田野中的蔬菜大棚，大棚位于上海市奉贤区南桥镇江海村南庄路，原先种植过火龙果和藏红花。大棚构筑物面宽39.5米，分5跨，每跨7.9米；进深24米，分6跨，每跨4米；建筑高6.2米，室内最低处3.2米；总面积948平方米，空间尺度恰好适合布置一个中小型展览。大棚空间内部为泥土地，因此必须铺设栈道供人们在大棚内部活动。

经过设计，十字形栈道将空间分割为4个部分，平面图上呈现"田"字样，这样的设计保证了人员的合理流动，使得空间使用效率最大化，栈道的面积为380平方米，占室内面积的40%。用于仪式典礼的主舞台位于两个进出口的中间，面向南方，展览开幕式的嘉宾座位约为50个左右，符合疫情期间的人员管控要求。

通过南庄路进入场地后，首先看到的是足球场的铸铁勾花网，我们放置了六面主视觉防风布，又在草坪上策划了美育活动，大朋友和小朋友们共同创作。大棚入口前方原本是一片菜地，我们设置长40米、宽2米的T型红地毯人行道，两侧放置的主视觉注水旗作为草坪步入室内的过渡。

本次展览的作品有34件，其中26件在室内，8件在室外，大部分的展品都直接与大地接触，艺术家们可以直接在地创作。室内的4个区域分别对应展览的4个分主题：归田、归家、归艺、归心"。

奉贤区江海村大棚实景图（崔仕锦/拍摄）

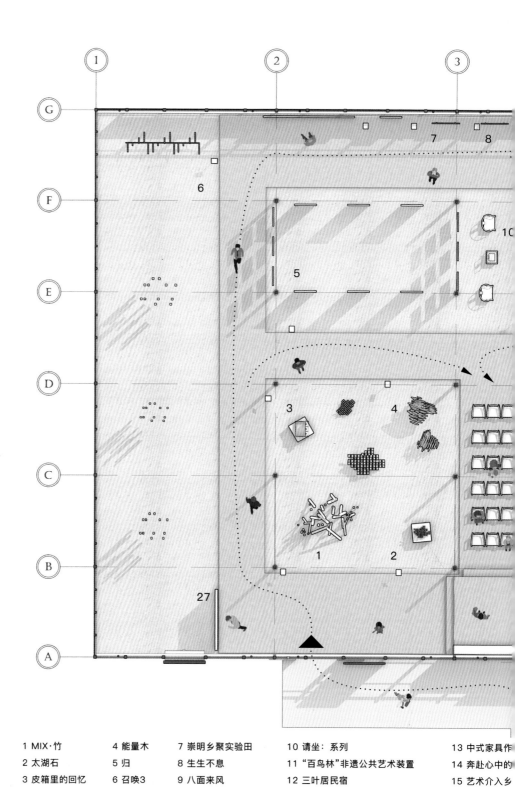

1 MIX·竹　　4 能量木　　7 崇明乡聚实验田　　10 请坐：系列　　13 中式家具作
2 太湖石　　5 归　　　　8 生生不息　　　　　11 "百鸟林"非遗公共艺术装置　14 奔赴心中的
3 皮箱里的回忆　6 召唤3　　9 八面来风　　　　　12 三叶居民宿　　15 艺术介入乡

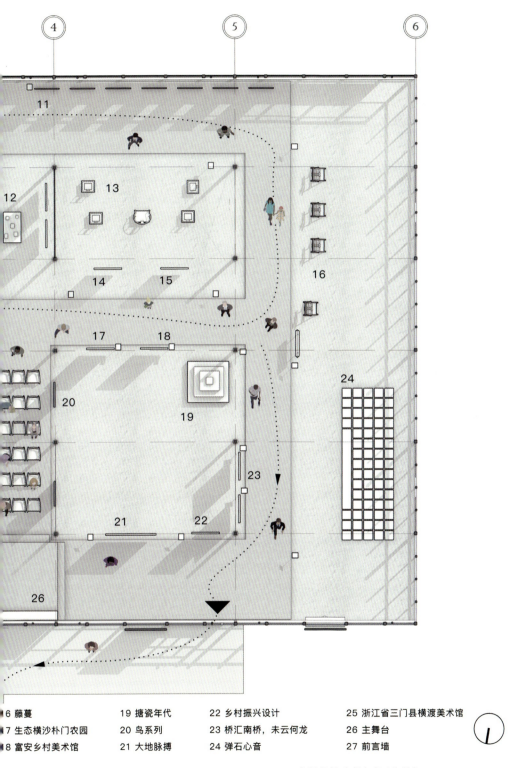

6 藤蔓	19 搪瓷年代	22 乡村振兴设计	25 浙江省三门县横渡美术馆
7 生态横沙朴门农园	20 鸟系列	23 桥汇南桥，未云何龙	26 主舞台
8 富安乡村美术馆	21 大地脉搏	24 弹石心音	27 前言墙

空间规划（窦志宸/绘制）

摩 登 田 野 —— 2 0 2

上 海 市 文 化 创 意 产 教 融 合 引 领 项 目（发 挥 重 大 文 化

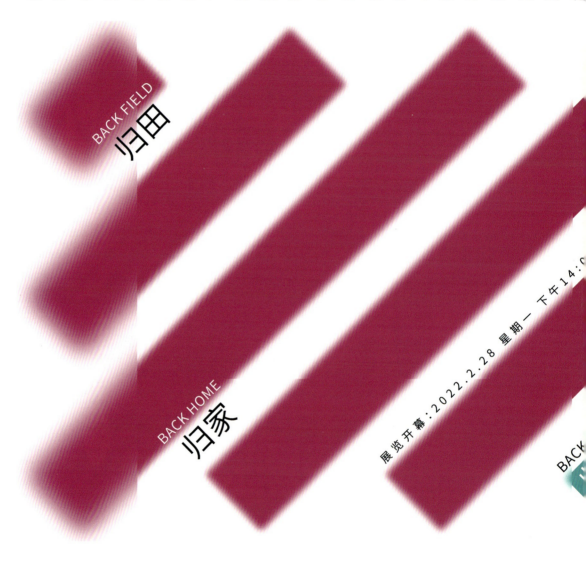

BACK FIELD
归田

BACK HOME
归家

展览开幕：2022.2.28 星期一 下午14:

BACK

指导单位 上海市教育委员会
上海大学

主办单位 上海大
奉贤区
奉贤区

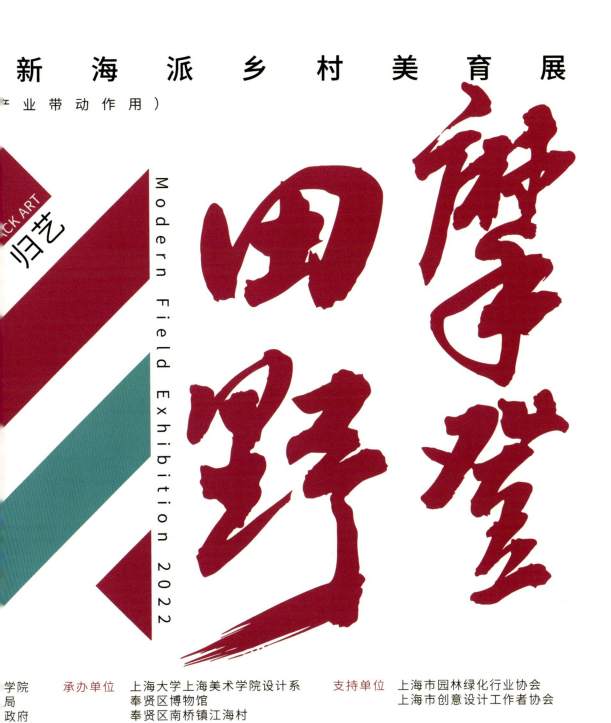

展览海报（窦志宸/设计）

1.3 视觉设计

乡村的颜色都藏在哪里？是田野里散发着自然芬芳的咖啡色泥土，还是炊烟袅袅的青瓦白墙？又或是生机勃勃的绿色庄稼，还是泛着收获喜悦的金色笑容？这些都是融在中国人血脉里的乡愁的颜色。

众所周知，"摩登"是上海这座海派都市的城市气质，也是这座城市鲜明的色彩招牌。新海派语境下的城乡互通给上海乡村带来的又是怎样的新色彩？

在本次"摩登田野"展的视觉策划之初，带着这些思考，策展团队走入上海奉贤江海村的田间地头，作客于民舍瓦灶的乡村生活，去体验去发现属于这个新时代的乡村颜色。在寻找中，我们发现在上海郊外乡村和田野有着独特的都市乡村的虹霓，既有着回归人与大自然和谐共生的质朴本色，更有着流淌着时尚气质的摩登艺术视界。

基于这些思考，3个词成为此次"摩登田野"展的视觉策划初衷：

（1）融合。

创意的根系应该发生自田间地头，采撷于农作物和大自然中，融合在青瓦白墙的乡间生活中。大自然的馈赠和乡人辛勤耕耘的果实已给我们提供了最好的展览基色，此次展览的主题色采用乡村当地出产的火龙果的红色，在朴素的大地色系上，显得格外跃动，这种视觉上的激情"碰撞"，恰似摩登的活跃的艺术基因融入乡村本色所迸发出的精彩火花。展览想呈现给人们的是一种相互交织的融合：当艺术和设计的缤纷思绪渗入田野的土壤之后，所新生出的既属于田野乡村本身，又能焕发出与时代面貌交相辉映的新的色彩。

（2）透明。

有别于展现在博物馆、美术馆、艺术画廊等室内视觉空间，田野中的艺术展览空间在视觉体验上应该是更开放包容的，更无拘束的。因此作物大棚成为最理想的选择，介于物理空间的界定和视觉界限的扩充，在这里形成了一个有形和无形的"透明魔方"。阳光、土壤、植被，与展品毫无阻隔地交织在一起，幻化出田野和艺术的格调。也正是这种"透明"体现了一种互通接纳的、由外而内的"现代感"和"摩登味道"。"透明"自然而然成了摩登田野最佳的视觉形式。

（3）生长。

观展栈道的设计灵感来自田埂，田埂是日常农作的通道，输送着水和肥料，辛勤劳作的人穿梭其中，用心呵护着这片土地，可以说田埂是田野的脉络，更是土地的生命线。而这次的很多艺术创作过程正是直接发生在田野中，农民和艺术家真正意义上的联手共同耕耘劳作，将田埂推上了视觉舞台。因此，我们沿着田埂架空铺设观展栈道,将其合围成"田"字形,结合立在土地上的作品,希望给观者一个自然形成的最真实状态下的田野感受,同时去体验和欣赏在土壤中生长出的有生命力的艺术作品。田野是海派文化传承和发展的家园,也可以成为不断在嬗变与更新生长之中的艺术之境。

"乡村"作为一个多维的概念,无论是在地理意义上还是在文化意义上,都可以成为一个让现代人生活更美好的空间。我们希望通过整体视觉系统的营造,来更好地帮助解读"摩登田野"这样一个概念,更好地让艺术展品融入田野之中。能让现代人拥抱一种立足于乡村的、开放包容的、能给予心灵慰藉的新型乡村生活方式,让城市人能够再次拥有看得见的、可触碰的乡愁;也让新农人享受更丰富多元的精神文明生活,并能够更多地参与到艺术语境和艺术市场中,收获新财富。

奉贤区江海村大棚美术馆实景图(郎郭彬/提供)

第二章　艺术设计作品及阐释

2.1 艺术装置

2.2 在地创作

2.3 设计案例

2.4 美育活动

2.5 大棚手绘

2.1 艺术装置

作品名称 Titles of Works		作品简介 About Works	艺术家简介 Artist Profile	
能量木 01		《能量木》通过对一块方木的切割，爆炸性地释放出木材纤维的功能活力，通过常温常湿弯曲，让木纤维在无模具环境下随意弯曲，形成丰富的空间形态和光影，最大化地传达了一块木料的表现力和木材纤维的独特魅力		周洪涛，美国普渡大学博士，同济大学设计创意学院教授、博导，创意工场主任，上海市东方学者特聘教授，米兰国际家具卫星展永久收藏馆中国区主任学术委员，中国红星奖评委，美国大学中国艺术家学会（穿越分界论坛）执行委员、策展人，夏威夷木材艺术行会展首席评委
MIX·竹 02		《MIX·竹》声音装置作品主体使用竹材制作，通过钢丝受力实现竹筒旋转结构，竹筒表面的圆形穿孔是声音的良好通道，采于自然界的声响在孔洞中来往，声音、装置、灯光效果与竹结构完美融合于田野，城市里生活的人群在安心归附之中重燃回家的念想。 盘根错节深扎土壤的竹，圆润狭长是最好的天然音响，它把声音从土壤引向苍穹，把生长从根基带到阳光，来自乡村的自然之声是归心的乐章		黄更，东华大学服装与艺术设计学院环境设计系副主任、副教授、硕士生导师，上海美术家协会会员，巴黎国际艺术城访问学者。 王沛，郑州航空工业管理学院艺术设计学院副教授、曾任教学副院长，东华大学服装与艺术设计学院设计学博士研究生

中式家具 03		东腰罗锅枨书案、明式南官帽椅、香几、明式书架、方梗矮南官帽椅		彭俊发,传统木作(榫卯)技艺区级非遗传承人。作品《榫卯结构–梨》被评为2020年"心意奉贤"文化创意设计大赛三等奖。制作的仿明书房家具参加2020年"长三角文博会"并被美国波士顿学院收藏。先后参与上海真静传统博物馆3项知识产权专利研发
百鸟林 04		围绕鸟的图形和故事,叙述中国染织绣非遗技艺之美,还原染坊中布条垂挂的场景,聚集了贵州丹寨蜡染、苗族百鸟衣、四川阿坝羌绣等图案纹样。原作品是件听觉装置,行走其中,鸟鸣声声,此起彼伏,流水潺潺,树叶沙沙,宛若林中穿梭,希望参观者在其中感受人与自然的和谐之美		章莉莉,上海大学上海美术学院教授、博导,上海公共艺术协同创新中心(PACC)执行主任,上海工艺美术职业学院副院长(副校长)挂职
鸟系列 05		"科学绘画"强调以艺术的语言向广大观众讲述科学故事、解析科学原理、传递科学知识。运用丰富多样的绘画艺术语言,结合最新科学研究成果进行当代表达,从侧面彰显上海地方环境保护的成果,激发人们对自然环境的关注与热爱,同时也希望推动与提升上海本地科学绘画创作力量		董春欣,上海大学上海美术学院设计系副系主任,中国室内装饰协会设计教育委员会副主任委员,上海市工业美术协会副理事长,上海市美术家协会会员,长三角公共文化智库专家,迪拜世博会中国馆专家委员会委员

八面来风 06		这是一件装置艺术作品。作者将多年来积累的田野写生作品结合在一个八面体中，面对不同的情境应手而出的是不同的表达方式。这里既记录了真实的自然，也忠实地留下了时间流逝的痕迹，如八面之风，最终汇于作者之心		汪宁，上海大学上海美术学院设计系副主任、副教授、源创图形工作室主任，中国动画学会会员，中国电视艺术家协会卡通艺术委员会会员，上海市美术家协会会员，上海创意工作者协会会员，上海动漫行业协会会员
搪瓷年代 07		上海是中国搪瓷工业的起源地和集中地，改革开放后，上海搪瓷业引进贴花新工艺，增加花色样式，多以富贵吉祥图案为主。搪瓷杯见证了新中国成立后作为生产型城市的各类生产机构的存在。回望搪瓷年代，搪瓷是一个时代的民众日常生活符号，工业生产时代的随伴，"物"的见证窥见了时代的留痕，搪瓷年代并未逝去，它勾连了历史线轴的过去、当下与未来生活的可能性		赵蕾，上海大学上海美术学院副教授、设计系副主任，上海美术学院"百年上海设计"工作室主任、"百年上海设计展"策展人

太湖石 **08**		《太湖石》是一件可变形态的装置作品，由3种不同形式的镜面金属材质构件组成，通过拼接的形式组合而成，可以根据空间环境灵活组合成不同造型的太湖石形态。作品用镜面金属材质结合空间切割的形式将太湖石的哲学美感转译成当代艺术语言，用具有后工业时代特征的镜面金属材料展现太湖石瘦、漏、皱、透的特征以及凹凸起伏、时隐时现、若明若暗的气韵和美感，塑造传统与现代的时空交错感		穆杰，上海大学上海美术学院设计系讲师。主要从事展陈与装饰设计，为近百家城市展馆、博物馆设计和制作相关展项，作品入选中国工艺美术双年展、中国空间构造大展等展览。 张艾琦、冉珂欣、姜可欣，上海大学上海美术学院设计系2022届本科毕业生
生命之轻 **09**		工业化不可逆地推动着人类发展的进程。精密的仪器，信息化的碎片，构成了当代生活的机理。除此之外，自然界中，可爱的混沌永远在熵增，鲜花和野草依然热烈地盛开着，燃烧起自由的爱意，焕发出勃勃的生命力。工业的形式之美与自然之美交相辉映，给予"心脏"新维度的诠释		姚雨馨，上海大学上海美术学院源创图形工作室展陈策划师、上海龙腾精英签约模特

请坐系列 10		《躺椅》：本作品为竹制组合式躺椅。长142.5厘米，宽60厘米，高83厘米。作为原材料的竹子在打磨上油后，具有轻巧结实、防虫防霉的优点，并给人以与自然和谐相处的感觉。可塑性极强的竹子让椅子拥有了流畅的线条和优雅的弧度，椅背与人体脊柱相贴合，组合后的躺椅形态令人放松舒适，体现了以人为本。 《Manifold Chair 多样椅》：利用一把普通座椅来代表本我（实），用一把镂空的椅子代表真我（虚），两者以45度角交织在一起，形成一把独特的椅子，实的部分因为太过普通而不起眼，虚的部分因为独自无法满足座椅的需求而不能单独存在，但两者相加就创造了不一样的火花，这也是一个人存在的真实写照		费陈丞，英国爱丁堡大学硕士研究生。 李嘉馨、金倩惠，毕业于上海大学上海美术学院环境设计专业
藤蔓 11		作品灵感来源于鲸落，巨大的心脏在消失殆尽的过程中润物细无声，一个能量体默默为其他事物提供养分。很像路边的野草、藤蔓，仔细观察就能发现小虫在叶片走过的痕迹隐藏其中，不起眼但是富含生命的信号		徐晨峰，本科毕业于洛阳师范学院。2019—2022就读于上海大学上海美术学院

2.2 在地创作

作品名称 Titles of Works		作品简介 About Works	艺术家简介 Artist Profile	
原野 01		《原野》是创作于1937年的经典名著，是曹禺先生唯一一部描写中国农村的作品，不仅揭露了封建社会的黑暗，表现了被压迫、被摧残的农民对美好生活的向往，还更深地发掘了人性的复杂多面性。改编版《原野》，基于曹禺先生的文本，融入现代性的元素及个人表现主义色彩的特征，对旧版《原野》进行重新的编译解构		刘正直，上海大学上海电影学院表演系负责人，上海影视戏剧理论研究会会员。 谷京盛，上海大学上海电影学院表演系表演专业老师，上海戏剧学院表演系客座教师
生生不息 02		人类自身和环境是不分彼此且无法分离的。作品把我们所思考的"生"用形态表现出来。奉贤的四季花开，浪漫而绚烂。繁花之境，令人不禁疑惑：自然的天地造化与人工的界线非常模糊。"此心安处是吾乡"，蕴含了人与自然之间没有冲突，便是生生不息的和谐共处的乐园之意		蔡建军，上海大学上海美术学院设计系艺术与科技专业教师、美术学博士

| 召唤 3 03 |  | 《召唤3》是为上海市奉贤区南桥镇江海村海马营地大棚美术馆定制的动态装置作品。装置使用了3组共36根垂直悬吊的竹竿，通过传动转轴上呈30度角分布的12个偏轴结构，获得升降竹竿需要的正弦函数转换，带动竹竿阵列呈波浪形周期起伏运动。

置身于这个介于户外与室内之间的空间，你能清晰地听到风声、雨声，看到日出、日落，周而复始，天、地、人的认知结构豁然眼前。从土地中散发出的气息，更能让人神游到远古的田园光景。《召唤3》就是这种感动的产物，它将农业生产的现实场景抽象为朴素而有力的感官语言 |  | 荣晓佳，毕业于京都精华大学大学院，现工作于上海大学上海美术学院数码艺术系。民进上海市委文化艺术委员会会员。

谢悦，毕业于旧金山艺术大学，现工作于上海大学上海电影学院。近年来多参与国内车企及国际化妆品企业的产品宣发、线上视频、广告TVC及产品展会制作。

王林，搜若（上海）网科技公司创始人，《wukong》系列新媒体艺术短视频团队主创人员之一 |
| POPUP 101 ——绽放 101 04 |  | 《绽放101》是享念科技"闪即空间（INSTANT SPACE）"系列作品的一部分，为"摩登田野"展量身打造。作品回归对乡村原始材料的运用，与自然质朴田间生活场景相连接。搭建可徒手完成，实现乡村志愿者参与的可能性，是公共艺术后物时代的全新探索。作品秉承可回收循环的理念，逆向解构后可在不同乡村间巡回传播，生生不息，不断"绽放"，去实践艺术均权共享的主张 | 
 | 张一戈，同济大学建筑学硕士，德国包豪斯大学理学硕士，国家一级建筑师，享念科技创始人，上海上大建筑设计院创意设计研究院副院长

陈伟朝，同济大学室内设计方向，享念科技董事 |

乡遇·摩登 05	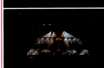	该作品通过灯光艺术的表现手法，借助光影效果体现艺术与田野风光、环境与人文的交融，由3个主题单元构成：①"风吹麦浪"展现大丰收喜悦的主题，以金色麦浪为主要视觉；②"艺术大棚"展现大棚养殖特色的主题，从经济作物中提炼出视觉符号进行创作；③"归心"展现美丽乡村建设人文气息的主题，以乡村生活的影像片段为背景		孔荀，上海大学上海美术学院硕士生导师，博士，照明设计师。林宏瀚，上海大学上海美术学院环境设设计专业硕士研究生。许盛宇，独立影像设计师
皮箱里的回忆 06		20世纪90年代妈妈的嫁妆——皮箱，里面藏的是孩子小时候的衣服：奶奶和外婆织的、妈妈绣的、爸爸买的、哥哥姐姐穿过的……这些封存在角落里的物品，是过了几十年后再次看到，依旧会笑脸盈盈地说起的回忆……		陆燕青，本科毕业于上海大学上海美术学院，上海市奉贤区南桥镇人大办工作人员

归 **07**		乡村的历史是厚重的，空间是广袤的，在乡村生活着的人也是丰富立体的。这组作品将镜头对准在这片土地上生活的人们，希望能够捕捉到一些真实的剪影和某些隐忍的、生动的、幽默的、厚重的瞬间，这些瞬间是乡土生活底色的外溢，也是诗意的外溢。希望能够以一种现代性的视角去阐释乡土生活中一些容易被人忽视的微妙情愫，以一个更加温和的姿态去描绘乡村里的女性		葛天卿，上海大学上海美术学院源创图形工作室主任，本次展览策展人。 姚雨馨，上海大学美术学院源创图形工作室展陈策划师、上海龙腾精英签约模特。 王子钰，独立设计师／摄影师。AndTHEN STUDIO 工作室与 AN 安品牌主理人
大地脉搏 **08**		木头可以是大地筋脉的延伸，伏于泥土之上，像暴露着的强健有力的血管，跳动着有节奏的生命力。人在土地上用大地给予的木头造房子，过着安生日子，也在泥土里耕耘着未来的希望，和这片土地融成生命的共同。木头在土里螺旋起伏形成的节奏，是田野里旺盛的生命霓璨，是人在赞美着敬畏着这有生命的土地，或如看着日出日落，穿过这缕交织的浮光，听大地脉搏的律动		葛天卿，上海大学上海美术学院源创图形工作室主任，本次展览策展人

弹石心音 09		作品以"弹石路面铺装"与"电竞游戏键盘"为设计创意灵感。选取具有历史记忆与场地特征的"弹石"路面作为承接传统的设计元素；选取"电竞键盘"作为连接现代的设计元素。由两元素之间的时代差异性与形式关联性，对两者进行叠合与重构，在保持原有元素特征可识别性的基础上，做出既有时代新意又有场地记忆的公共艺术装置作品		卢俊辉，上海大学上海美术学院环境设计专业2021级硕士研究生
江海花火 10		作品概念缘起于"摩登乡村"展览场地大棚原先所种植的藏红花、火龙果。画面中利用点、线、面映射江海村乡村元素，展现美丽乡村建设的显著成效与美好蓝图；部分良渚文化图案也藏于乡村元素内，揭示江海村文化来源与脉络。利用藏红花花蕊组成"火花"，结合火龙果火焰轮廓及色彩点缀画面。"花火"是画中重要元素，表现乡村振兴需要人人参与，共同推进美丽中国的建设，像火花聚集才能迸发美丽花火		郎郭彬、刘洋、吴欣雨、陶冶，上海大学上海美术学院环境设计专业2022届本科毕业生

大棚白描 11

作品以奉贤区江海村海马营地上的蔬菜大棚美术馆为原型进行设计再创作。上海大学上海美术学院环境设计专业的学生们通过彩笔绘画、黑白速写、色彩拼贴、手工模型等多种创作手法在A4画纸上尽情创作，思泉涌动。作品不仅表现了他们心中对摩登蔬菜大棚的认识和理解，还期望通过自己的专业所学向周边观众展现蔬菜大棚的摩登特色，孕育、激发蔬菜大棚在未来发展中的多样可能，为乡村发展增添美好新画卷

宋洋，上海大学上海美术学院环境设计专业2020级硕士研究生

窦志宸，上海大学上海美术学院环境设计专业2020级硕士研究生

张楠楠，上海大学上海美术学院环境设计专业2020级硕士研究生

达天予，上海大学上海美术学院环境设计专业2021级硕士研究生

卢俊辉，上海大学上海美术学院环境设计专业2021级硕士研究生

2.3 设计案例

案例名称 Titles of Works	案例简介 About Works	设计师简介 Desiger Profile
崇明乡聚实验田（2016-2021） **01** 	围绕乡聚公社"有审美的乡村，有温度的欢聚"的理念，崇明乡聚实验田以乡村自然稻田为载体，调动专业力量、社会组织、当地居民、城市儿童等群体，以共创、共建理念进行乡村场景的创作。希望通过每年的活动，在缓解都市压力、疗愈"自然缺失症"的同时，实现"人与人、人与土地、人与自然"之间的对话，激活乡村活力，发掘出乡村的魅力	 俞昌斌，易亚源境创始人、首席设计师，上海乡聚公社 联合创始人
浙江省三门县横渡美术馆 **02** 	横渡美术馆占地面积803平方米，建筑面积932平方米。建筑集合了展览、会议、休闲等功能，景观视野极佳。设计尊重周边场地环境，不破坏原有的乡村尺度与氛围，旨在用极其克制的设计语言、乡土的建造策略、当代的生活体验，为公众提供一处开放互动的公共空间，并希望通过建筑与环境的营造，唤起人们对乡村公共生活场景的记忆与关注	  刘勇，上海大学上海美术学院院长助理，建筑系主任，副教授。 魏秦，博士、副教授，上海大学上海美术学院建筑系副系主任。 商培根，可造建筑工作室主持设计师

奔赴心中的乡野——湖南溆浦北斗溪坪溪民宿景观设计 03

坪溪民宿位于湖南省西南部怀化市溆浦县，北斗溪镇获评为"2020年湖南省十大特色文旅小镇"，这里远山如黛，云雾缭绕，花瑶特色村落风貌与原生态自然山水完美融合。保留乡土记忆、传承乡村风貌与文化、振兴乡野生活方式，是在现代化和城市化进程中，对乡土文明回归的理性回应。坪溪民宿以"借山引水、轻触自然、融享田园"为理念，结合新山水方法论，以山水田园赋予民宿生命，使得自然与人工环境浑然一体。设计保留乡土印记，传承乡村风貌与文化。秉承对原生文化的崇敬，以克制、内敛的设计手法，用属于这片土地的材料构筑我们心中的乡野，让民宿融入这千年瑶寨，成为延续瑶寨基因的新生儿，呈现原生之美

孙虎，广州山水比德设计股份有限公司创始人、董事长、首席设计师，高级工程师

松阳县吴弄村 三叶居民宿 04

三叶居民宿位于浙江省丽水市松阳县吴弄村，周围粉墙黛瓦相连，古道弯曲幽静，连绵成片的古民居与古道、古树、古井、溪流、学堂、农田和谐共生，融为一体，具有典型的江南民居风格。"三叶文化"是设计的情感来源，茶叶、烟叶、桑叶代表了吴弄村绵延百年的产业特点，作为室内设计和标识设计的主要图案纹样，蕴含着场地的农耕文化底色。"孝悌文化"是原住民珍贵的文化遗产和精神财富，设计将"孝悌"文化融入民宿与茶室的空间布局和设计上，辉映当下家文化的内涵，让"家"成为民宿设计的核心理念。建筑和室内外环境改造同村庄风貌相呼应，在保留传统木构架和石骨泥墙结构的基础上融入现代材料和设计语言，实现新与旧、传统与现代的对话

程雪松，教授、博导，上海大学上海美术学院设计系主任，上海美术学院学术委员会委员，设计学科组负责人，环境设计国家级一流专业建设点负责人。中国建筑学会会员，上海市美术家协会会员，上海市商业经济学会理事，2020阿联酋迪拜世博会中国馆专家委员会委员，上海上大建筑设计院创意设计研究院院长。本次展览学术主持。

汤宏博，上海大学上海美术学院设计学学士，天津大学建筑与土木工程硕士。

王一桢，上海澜沁建筑设计有限公司总设计师

桥汇南桥,未云何龙——上海市奉贤区南桥镇江海村"美丽乡村" **05**		江海村位于上海市奉贤区南桥镇西南部。借助江海村紧邻城区的优势,结合"三园一总部"提出发展策略,以"桥"通生态,实现生态修补、产业相辅;以"桥"联文化,实现文化挖掘、产业融合;以"桥"汇资本,实现平台搭建、资本入驻。设计中以点、线、面元素结合形成整体景观结构,以南庄路为轴,梳理空间秩序和肌理,释放空间植入产业与活动,营造具有江海特色的乡村空间文化氛围		王勇,教授、国家一级注册建筑师,上海理工大学环境设计系主任、设计学科带头人。 褚雨粟,上海理工大学艺术设计学研究生
生态横沙,朴门农园 **06**		横沙民生村"乡村营造创新"项目,以地域特性和乡村社会性质为依托,融合生态环境提升等要素,挖掘当地特色海岛文化,当地具有丰富经验的手艺人通过编织参与各种场景的营造,重建乡村公共生活。手工艺人将自己的兴趣与手工技艺结合,促进乡村手工艺的发展,在传统的乡土文化精神与现代的生活方式之间实现乡村营造更新		黄祎华,设计哲学博士,上海大学上海美术学院讲师。美国南加利福尼亚大学高级访问学者。 张珺琳,英国金斯顿大学景观与城市化硕士,上海首批乡村责任规划师

乡村振兴设计——野米新学 07

上海乡村振兴设计是上海视觉艺术学院环境设计专业学生根据上海周边乡村不同类型的点位进行的设计创作。在设计过程中，师生们进行了充分的田野调查，综合了自然资源、地域文化、生活方式、时代精神和经济成本等因素，做出适切的回应。

野米新学是对乡村里一处老房子做的提升改造，本次改造打破了传统功能的限制，在基础设施上融入乡土日常，把日常空间的样貌与硬性基地景观相融合。整体改造采用了流水的概念，空间上打破隔间障碍，以开放流畅的设计概念，让空间具有连贯性和通透性，吸引公众参与到空间中

陈月浩，同济大学建筑设计及其理论专业博士，上海视觉艺术学院副教授、教务处副处长、室内设计方向专业主任，英国邓迪大学、美国加州州立大学访问学者

富安乡村美术馆 08		富安乡村美术馆缘起于陆勇峰的一次乡村调研，2018年12月，他在富安村拍摄"一位崇明老人扎扫昂"的场景，并邀请友人将此场景创作了一幅画作赠送给老人，在此基础上引发了艺术乡建的思考，并提出了利用闲置乡村用房改建为乡村美术馆的设想。该提议得到了政府部门支持，并纳入富安乡村振兴示范村建设。 我们希望让美术馆成为乡村美育和文化交流的创新空间，让乡村空间创生促进乡村治理创新。让一座美术馆创变一个村，真正成为村民家门口的美术馆		陆勇峰，国家注册城乡规划师，高级工程师，同济规划院城市设计研究院副总工程师，上海市杨浦区江浦路街道社区规划师，上海首批乡村责任规划师
艺术介入乡村营造——恩施宣恩商业街区外立面改造及民宿设计 09		恩施宣恩商业街区外立面改造及民宿设计，遵循场地原貌和设计精髓，通过对恩施宣恩非物质文化遗产的赋活和营建，结合当地特色的视觉符号西兰卡普，用修缮、改造、新建3种方式使宣恩墨达楼附近区域整体风貌达到新旧交融的效果，场地内设置民宿、商业街、酒店等多种业态，激发区域活力，展现乡村历史的复杂性，弘扬中国传统非物质文化遗产		崔仕锦，上海大学上海美术学院设计学博士研究生，湖北美术学院环境艺术学院讲师，中国建筑学会室内设计分会会员，敦煌设计形态学联盟会员

2.4 美育活动

"摩登田野——2022新海派乡村美育展"于2022年2月28日开幕式当天,在奉贤区南桥镇江海村南庄路大棚美术馆举行了一场乡村美育活动,活动参加者有上海大学上海美术学院研究生策划团队和当地小学生。

该美育活动由4部分组成:一是大手携小手,稻香"绘"我乡;二是摩登农作创意绘画;三是南桥撕纸,虎虎生威;四是"房车艺廊"主题展览。美育活动立足"以美为媒,以美育人"的方向指引,活动过程中贯穿了美育的3个层次:认识美、发现美、创造美,以实现当地小朋友对建立家乡、地方农旅文化情感的愿景,切实提高美育对乡村人居环境和人的行为模式的影响,促进传统文化传承、发扬和创新,坚定文化自信。

美育活动现场

小朋友手持证书合影

01

大手携小手，稻香"绘"我乡

策划人：宋洋

材料媒介：彩色稻米、水彩笔、硬卡纸、胶水

活动内容：通过艺术介入的手法对日常生活中常见的彩色稻米进行体验创作，携当地小朋友一同描绘村民心目中的美丽画卷，为乡村美育添砖加瓦。

何童宇作品点评：

　　解放路小学三年级一班的何童宇小朋友创作了一幅彩色稻米作品，内容以北京冬奥会的吉祥物冰墩墩为主体。在稻米颜色上还原了冰墩墩的原貌，寓意创造非凡、探索未来，与本次摩登田野的初衷相符，让孩子们在乡村美育中感受到温暖和自信。

方心妍作品点评：

　　解放路小学三年级一班的方心妍小朋友创作了一幅彩色稻米作品，内容以北京冬季残奥会的吉祥物雪容融为主体。其灯笼造型寓意点亮梦想、温暖世界。乡村美育活动也将因新生力量的注入而焕发新生。

02

摩登农作创意绘画

策划人：张楠楠

材料媒介：超轻黏土、水彩笔、纸盘、硬卡纸

活动内容：采用多样绘画材料进行黏土艺术创作，带领当地小朋友感知与探究火龙果、藏红花等当地农作物的特征及寓意，拓展思维，在实践中体验普通农作物在艺术视阈范围中的乐趣。

赵子佩作品点评：

　　解放路小学三年级一班的赵子佩小朋友采用超轻黏土、水彩笔、纸盘等材料创作摩登农作绘画作品，内容以蝴蝶和"火龙果花"为主体，创作理念上，蝴蝶与花朵的组合象征新春的美好和活力，火龙果"开花"与摩登田野视觉主题相契合。

蒋煜喆作品点评：

　　解放路小学三年级一班的蒋煜喆小朋友采用超轻黏土、水彩笔、纸盘等材料创作摩登农作绘画作品，将藏红花的造型进行形变，重复、中心对称的绘画语言象征艺术和乡村生活之间的美美与共。

03

南桥撕纸，虎虎生威

策划人：何玉玮，南桥撕纸第二代传承人，中华剪纸艺术委员会委员，上海市民间文艺家协会会员，上海市工业美术设计协会委员，奉贤区美育工程师资库讲师

材料媒介：红色纸张、胶水

活动内容：艺术家何玉玮带领当地小朋友以徒手撕纸、整形、粘贴等方法来创作图画、丰富业余精神生活，继承奉贤区"南桥撕纸"的非物质文化遗产，弘扬优秀的中国传统文化。

04

房车艺廊

策划人： 宋洋

材料媒介： 房车、当地学生美育作品、车贴作品

活动内容： 房车艺廊概念源于"摩登乡村"展览场地周边既有的生活房车和活动当天展开的少儿乡村美育活动。房车通过新形式的策展，深化美育、文化和旅游的融合，本身也是现场的重要展项，通过艺术介入乡村的形式演绎"公共艺术画廊"，同时，房车作为一种具有流动性的沟通工具拉近摩登乡村艺术与大众之间的距离，激发双向的创造力和思考。策展初衷是为了让日常生活中的物品和少儿乡村美育绘画创想相融合，孩子们绘画背后创意赋能的思考通过展览的形式传播给大众，同时也欢迎大众参与此次美育活动的讨论中。本次展览结束后，房车内的所有作品将回归参展艺术家，形成公共艺术闭环。

2.5 大棚手绘

大棚美术馆剖透视（窦志宸/绘制）

大棚插图（张楠楠/绘制）

大棚插图（卢俊辉/绘制）

大棚插图（达天予/绘制）

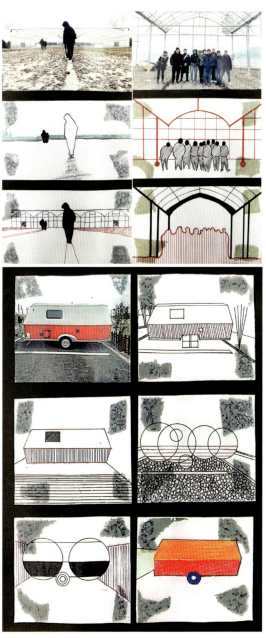

大棚插图（宋洋/绘制）

第三章 论坛"摩登田野：艺术赋能乡村"

3.1 领导致辞

3.2 上半场：艺术赋能乡村

3.3 下半场：乡村赋能艺术

3.1 领导致辞

发言者：蒋益峰（奉贤区文化和旅游局副局长）

"摩登田野：艺术赋能乡村"论坛让诸多"乡建人"云上相聚，在上海相对停摆的时刻，有特殊的情感和意义。让我们思考3个问题：上海原来是什么样的，当下是什么样的？人们对疫情后的上海，有怎样的期待？应该如何更理性、更多元地去思考、去分析、去研判、去向往这座城市？

今天探讨的是"后疫情时代"下城市和乡村生态环境该如何融合发展，将今天的艺术赋能乡村这个主题称为"摩登时代"，恰如其分。城市的人文或者人文的城市，如何跟自然的乡村做有机结合，这个思考关系到如何回应国家战略中的美丽乡村。

奉贤区和上大美院一起主办的"摩登田野"，引起了很多社会关注。让我们思考在城乡融合的过程中产生的一些新业态如何与国家战略有机结合；美丽乡村如何吸引城市的群体；在文化为乡村铸魂这个命题下艺术和自然如何融合，在产业能级上为乡村增添可持续发展的动能。这些话题都让我们审视城市和乡村之间的关系，今天 也围绕此着重展开。

奉贤作为"五大新城"之一，地处上海的南郊，是一个"面朝大海，春暖花开"的地方。上海市"十四五"规划，给了奉贤一个新的定义——打造出新江南风情。这个新江南风情，我们更多想通过4个方面来体现，即"百里运河、千年古镇、一川烟雨、万家灯火"。

今天上大美院让更多的艺术家、评论家一起关注奉贤，期待各位多为奉贤出谋划策，提供更多真知灼见。奉贤区文旅局也会将建议和意见转化为行动，为奉贤带来更大成果，开拓原野，增加亮点。

发言者：金江波（上海大学上海美术学院副院长）

疫情给我们的城市与乡村的生活带来很大的挑战。在这样一个大的环境下，正好静下心来，在"摩登田野"的主题论坛当中，找到城市和乡村未来的发展路径。

奉贤作为上海"五大新城"建设中非常重视生态、重视人文、重视环境、重视绿色发展规划模式的城区，如何让乡村更富有人文的光彩，如何让艺术的创意更好地赋能乡村的建设。"摩登田野"做出了一个实践，也带来一个话题。在这个特殊时期表达我们赋能乡村中的艺术介入和设计创意的驱动,对城市和乡村的转型,对未来,包括封控时期的生活业态的塑造,都会带来一些新的话题。封控期间,人们向往的不是紧张忙碌的城市生活,而是与自然接触、与田野相望的生态生活方式。奉贤这次抗疫行动让上海很多区刮目相看,这正好验证了城市的可持续发展是与自然和谐共生的,营造良好的生态让人类有力量抗击社会带来的各种挑战和问题。

"摩登田野"作为一次乡村实践的方式,展示了上海大学上海美术学院为上海城市发展和新城建设所付出的实际行动。上海美术学院拥有4个一级学科点,运用这些学科的知识力量和学科的人才团队对接地方的转型需求、社会发展的需求,提供知识解决方案和智慧服务。这次实践验证了以绿色生态为主的奉贤乡村业态的塑造,把艺术融入进去,在城市繁忙的生活当中,能够为田野般的生活带来一些创意的奢望,带来一些艺术设计的联想。艺术和设计总是能够为我们原生态的生活带来更多外延的风采。上海大学上海美术学院设计系整合了以学院为主的众多年轻骨干力量,通过师生们跨媒介、跨领域、丰富多元的手段,在一个大棚中做出这么一个大胆尝试,让田野中处处有美术馆,让田野中处处有艺术品。这些丰富的、联想的艺术作品,一定会给当地的村民们和百姓带来艺术上的一种温度。

策划这个展览,是期望让村民成为艺术家,成为创意设计师,以此实现美好生活。在过程中,艺术成为社会治愈、社会疗愈的一种方式,面对社会发展当中比较难以用行政手段和政策手段解决的问题,通过我们的艺术绿色的方式、温暖人心的方式,建立了一种共生的方式,来推进乡村基层的治理。村民们在参与到大棚美术馆的项目之后,感觉到幸福指数和人文温度的提升,这种社会公共文化建设的方案,带动了公共文化的营造和平台的搭建。

上海大学上海美术学院期盼更好地对接奉贤公共文化的建设,对接奉贤文旅生活的改善,为此将继续提供我们的智慧力量和知识服务。

3.2 上半场：艺术赋能乡村

开场白

发言者：程雪松（上海大学上海美术学院设计系主任）

很高兴相约云上"艺术赋能乡村"主题论坛，一起围绕"摩登田野——2022新海派乡村美育展"，就乡村振兴、艺术介入乡村方面所做的一些思考、所参与的一些实践做一些分享。

从大都市的灯红酒绿到乡村的桃红柳绿，乡村最吸引我们的地方就在于乡村的原真性、包容性和实践感，这也是艺术家对于乡村天生具有一种亲近感的原因。

艺术乡建争论中的伪命题：来自十年的回答

发言者：王南溟（艺术评论家，策展人，社区枢纽站创建人）

我认为"农业现代化"是促成摩登农村的关键，是我们发展的方向，也意味着摩登和乡村没有本质的矛盾。

"艺术乡建争论中的伪命题：来自十年的回答"这个问题是我十几年来做乡村振兴反复被问到的问题。

现在的社区形态已经跟当年不一样了，乡村也在谈社区，城市社区进行更新，乡村社区则进行跟进，这样就形成"城乡社区"。城乡社区在上海周边地区特别容易形成，因为上海郊区跟城市之间的路程很近、生活习惯很相似，乡村里面少有年轻人居住了，都到城镇化的地方去读书、工作、生活。"城乡社区"一词在上海市有待于进一步实践。

"社区枢纽站"是2018年成立的，试图打通城市里面老旧社区和高档社区之间的流动，社区跟社区之间的流动，同时也包含乡村正在形成的社区和中心城市之间的流动。

十年以前的"许村计划"对今天来说，不光是做了一个艺术乡建。当时的展览海报设计中，我特地把艺术家进行了夸张化的宣传，同时，把"艺术"两个字淡化掉，把"社会"这个关键词凸出来，表明艺术家开始从社会实践的角度把艺术放到了乡村。经过多次在许村的实践，更确定乡村需要的是公共文化教育的效应，通过艺术家的公共教育，达到他们与城市美术馆里面正在出现的艺术平行性的认知。在乡村美育方面，我们做过很多努力，包括试图帮助艺术家到偏远地区的学校做美术老师，通过美术馆让当代艺术向偏远地区输送美育教育等，都没有取得很好的成果。在这种背景下，艺术家个体的行动在乡村建设或者在社区的建设当中，即"蔡元培社会美育"中就显得特别重要。艺术家主体在政府的公共文化、服务配套意识到之前,开始进入乡村和社区,通过这种走动,使他们的目的性和过程性合二为一,走动出艺术作品,这样的过程就形成"艺术乡建"。

上海大学社会学院耿敬老师以观察员的身份,跟随我们团队一起艺术乡建,在横渡等地进行了多场艺术教育。在这过程中许多高校的师生都加入其中,艺术家在完成作品时,设置各种各样他人可以进入的条件,形成"参与式艺术"。

2021年我们在张家港策划了一个项目"未来非遗",首先邀请了一位做竹编的和一位弹棉花的技艺传承人与艺术家共同在美术馆里面做工作坊。艺术家先做一个星期的工作坊,让公共教育走到策展前面与乡村发生连接,建立黏性,在展览中展出的作品就是艺术家和乡村共同完成的,其中也保留了乡村的原真性、包容性和实践感。

经过无数的实践与论坛,我想对3个问题做出回答:乡村要不要创新?乡村要不要文化的平等?乡村要不要公共教育?

回答是:要的。

王南溟和耿敬的横渡合影(王南溟/提供)

新美育和感知学

发言者：**韩子仲**（上海大学上海美术学院设计系副教授，中国美术学院艺术现象学研究中心研究员）

我主要从艺术教育方面的内容，谈一些自己的想法。我2021年完成的译著《感知学》讲的是一种普遍感知理论的新美学，作者柏梅主要是讲气氛美学，回应了一种感知理论的讨论。

随着时代发展，无论是艺术实践还是艺术教育，逐渐转变成一种更加倾向于理论或者技术性表达的东西，而最初感知的内容，反而有所遗忘或者有所疏忽。因为现在的社会不是自然社会了，而是技术社会，人的感知、感受产生了一种变化。相对于以前，我们不再是自然的人，摩登田野的展览放到大棚，其实是对自然的一种反应，过程中讨论艺术教育、艺术创作和自然之间的关系。

技术性社会导致人的感知就变成一种表演，在不同状态下切换不同表演状态，非常细化和丰富。从表面上看，每个人的个性也是非常鲜明的，但和处于自然状态下的感受有很大的区别。包括现在的线上会议也是技术社会的产物，人需要通过不断的排演积攒经验来更好地表达。包括在教学中，无论是造型还是创意设计的课程都在重复延续一种模式化的训练，其实应该更多地从一种人的身体感知出发，激发学生的想象力、创造力，而非"套路性""经验性"。

我所强调的感知就是回应回到乡村、田野，是对于人与自然的一个思考和讨论。但这不是说要回到自然社会，而是在技术社会的发展中，随着进一步的推进和发展，更好地帮助我们的身体回到最初的感知。这是艺术的使命和艺术的功能。在对技术社会有抵御、批判的过程中，推进和发展技术社会，让它更贴近人。

第一，乡村艺术具有独特魅力。乡村和社区是艺术中很重要的部分，在美国中西部乡村是非常强势的艺术形式，尤其是大地景观。

社区营造中的功能主义艺术植入

发言者：周洪涛（同济大学设计创意学院教授、博导、创意工场主任，上海市东方学者特聘教授）

过去在自然界里面，有很多成功案例，非常具有启发意义。中国有这么大片的乡村，尤其是奉贤接着上海的边，它的做法对于上海有很大的意义。公共艺术中采取"共创"模式能够让参与者更多地植入情感。乡村通常人口密度比较低，属于"低密社区"，因此它比城市更能和自然接近、融合，美国的许多大地艺术对奉贤这片土地很有借鉴意义。

第二，艺术植入社区存在困境，例如：造价贵、难以取得共鸣、参与性弱、老百姓不喜欢、没有长期续航能力等。驻地艺术或许能够解决一部分问题。之前我在美国 Highland Center 和 Vermont 做驻地艺术家，看到那里每年会吸引大批的驻地艺术家，就如同艺术乡建也是在村里走来走去的过程中完成。

第三，中国人有实用主义倾向。上海作为一个国际大都市，在公共艺术，尤其在雕塑等领域的落后还是比较明显的，跟纽约或者巴黎等大城市相比，质量和数量都相对不够。尤其在做社区艺术公共艺术植入的时候，更需要挖掘老百姓到底需要什么，与美术馆的艺术要有一个本质的区别，要与市民产生强烈互动和交集。

第四，要引导功能艺术飞入百姓家。2021 年杨浦区同济大学的"15 分钟社区生活圈"项目在上海的空间艺术季各个展区中参观排名排第二名，让许多家庭都参与了进来，装置和当地人的生活相关，一些功能艺术品更能够与当地人产生共鸣，收获意见。在奉贤韩春路的"百椅展"成为当地小朋友的"快乐上学路"，通过与老师和学生的合作，将小朋友的想法落地，实现他们的梦想。通过这些功能性艺术的植入，让小朋友在上下学的时候看到自己的作品，也看到一些设计师或者艺术家的作品，通过以功能性为载体的作品实现儿童友好社区。

每个人心中都有一亩田：崇明乡聚公社2016——2021年的实践与思考

发言者：俞昌斌（易亚源境创始人、上海乡聚公社联合创始人）

第一，介绍下我的农场和我在做的事。我的农场叫作乡聚公社，主题为"有审美的乡村，有温度的欢聚"。乡聚公社位于崇明岛建设镇建设村，距离上海市杨浦区同济大学，大概80千米路程，耗时一个半小时。农场中有一个改造的150平方米的小房子以及农田，总计5亩地（约3333平方米）。北面的农田和花园、菜园围合起来差不多有1500平方米。这是一个非常美的乡村，有一种"采菊东篱下，悠然见南山"的意境。为了培育优质水稻品种，我特意邀请了水稻专家栽植，每逢周末，我总会从闹市驱车前往这里，享用自种的一蔬一果，感受大自然的无私馈赠。

2021年6月，上海崇明岛东平国家森林公园举办了第十届中国花卉博览会，我们借此契机组织了一个千童花田活动，我们在农田里面挖了1000个花坛，让1000个小朋友在里面种花。这1000个小朋友种自己的花，创造了一个属于孩子们的花博会，当时吸引了众多市民报名参加，取得了极大成功。

第二，分享我对于有机农业的理解。我们在乡村做一些事，其实农业是最重要的一块，2022年政府也提出了"粮食安全"问题。我们这两亩地（约1333平方米）是搞活动的试验田，整个是100亩（约66667平方米），周边有500多亩（约333333平方米）的优质农田，我们种的是南粳46号大米，这种大米是中日品种杂交的大米，2010年被评为全国"优质食味粳米"。

第三，谈一下是什么契机让我开始和大自然合二为一的生活。作为一个城市中长大的人，一开始我对于乡村非常陌生，也并不是很喜欢，小时候每次跟父母回老家的时候，乡村泥泞的道路、飞来飞去的跳蚤和蚊子都给我留下了很不好的印象。在2016年之前，我从未来过崇明，2016年我太太做乡聚公社后，我一次次来到这片土地感受大自然的温润气息，慢慢对于乡村有了新的认知和理解，我越来越喜欢乡村。其实人生就如同硬币的两面，城市高密度的生活桎梏着人的情绪，让人压抑，而乡村有草坪、大树、河流，生活的节奏也很慢，给人放松的生活状态和感受。我认为人的精神世界需要在城市和乡村进行过渡与转换，在如今巨大的生活压力下，我们可以回到乡村缓解钢筋混凝土森林中的学习及工作压力，疗愈身心，这样才能更好地在城市高压中拼搏，我将这种生活方式作为我的精神食粮。

第四，分享一部分回归自然后的苦乐趣事。回归自然的生活是我理想中的，除去养殖小动物以外，儿童和本地乡村百姓的笑脸都是让我印象很深刻的。

最后，对于要来乡村体验生活的朋友，我有一些建议。我非常希望大家在乡村度过一个周末，甚至一个月，或长租在这里，能体验到真真正正的乡村生活。我觉得小资的民宿是封闭的，它是一个围城，你可能花2000块钱住一个民宿，你感受到的还是城市的情调、城市的人和服务生，甚至是城市的娱乐。

我觉得如果要到乡村来体现摩登乡村的概念，就是要到真正的乡村住下来，可能有一个小房子，有一块农田，过着陶渊明"采菊东篱下，悠然见南山"的生活，这样才会做出好的项目。

《崇明乡聚实验田（2016–2021）》（俞昌斌/提供）

非遗传承助力新时代乡村振兴路径探索

发言者：章莉莉（上海大学上海美术学院教授、上海公共艺术协同创新中心执行主任，上海工艺美术职业学院副院长）

因为疫情，大家关注到鸟鸣、蛙叫特别多，我的一件大型公共艺术作品《百鸟林》，灵感来源于此，鸟叫的声音给我带来的是一种乡村和自然画面的想象。作品是一个声效装置，在里面行走是此起彼伏的鸟叫声，所见之处全部都是中国乡村地区鸟的非遗图景，有的是蓝印花布，有的是丹寨蜡染，有的是百鸟衣，全都是中国各地、各民族关于鸟的形象的呈现。作品表达了一种人对于自然的向往，也是对于百家争鸣、百花齐放、中国人文、传统文化的一种赞叹。因此，今天的话题从这件作品讲起。

我们的乡村代表着我们的传统生活。在整个"十三五"期间，上海大学如同中国100多所高校一样，有机会能够接触到来自中国各地的非物质文化遗产传承人。这些传承人都身怀绝技，比如阿坝、藏族的老奶奶能够徒手织出非常美的织袋，这跟我们平面设计构成一样，全部都在她们的脑海中，像艺术家一样。

乡村生活和传统手工艺息息相关。村民们的衣食都是用自己的勤劳双手和聪明才智创造的，包括编织、木艺、陶艺等，这些非遗的传承正在我们的乡村中逐渐地复苏。中国在2004年的时候加入了联合国教科文组织的《保护非物质文化遗产公约》，到目前为止，中国也是世界上拥有人类非遗文物最多的国家，共有42项，远远超出了其他国家。

"非物质文化遗产"的概念也由此进入中国，与原来我们的学科和专业体系形成交叉融合，不仅影响了人类学、民族学，而且影响到了我们艺术设计领域的工艺美术、民艺等学科。

非物质文化遗产是我们活着的传统文化。习近平总书记近年来一直在关心非物质文化遗产的传承情况，到各种乡村里面，都会去考察非遗传统工艺，如2022年去海南考察黎锦和藤编等。

在整个"十三五"期间，中国针对非物质文化遗产设立了18个传统工艺工作站，上海大学拥有其中的2个工作站，一个是对口果洛藏族的传统工艺的工作站，另一个是为中国各个地方的民族非遗做创新转化的工作站。

全国设立了1000多个乡村的非遗扶贫工坊，许多乡村的妇女通过工坊接到城市的订单，在乡村中一边带娃，一边照顾老人，就能养活自己、养活家，这解决了乡村的妇女问题、留守儿童问题等很多社会问题。通过传统手工艺，帮助当地妇女驻留在自己的家乡进行创收、创业，并且能够获得他人的尊重。

传统手工艺让城市和乡村之间产生着一种密切的联动，通过非遗的传承和保护，产生更多的文化交流和互动。在艺术设计领域，也有越来越多的设计师品牌涌现出来，通过文创产品带动很多中西部妇女的再就业。

在此过程中我们不断摸索一条乡村手工艺和工业化产品生产之间互动有机联系的道路，并且把乡村的手工艺带进更多的城市市场。

乡村振兴和非遗传承是息息相关的。今天，越来越多的青年设计师、艺术家和手艺人开始走进乡村，出现了很多成功案例，比如杭州融图书馆、崇州道明·竹艺村等。

我们团队曾到内蒙古阿尔山明水河镇西口村做彩绘，在传统绘画和涂鸦的边界融合形成一种新的美术表达的方式。非遗也需要传承、弘扬、发展和创新、融合再发展。所以，我们坚持非遗传承助力新时代的乡村振兴。

"百鸟林"非遗公共艺术（章莉莉/提供）

从乡村中来，到乡村中去

发言者：荣晓佳（上海大学上海美术学院数码艺术系教师，民进上海市委文化艺术委员会委员，媒体艺术家）

每个城市人心里面都对田园生活有向往，但绝大多数人还是会选择城市而非乡村。这样的一种选择，我们也许可以简单推导出一种结论：城市生活优于乡村生活。

我们大多数人接受的都是现代的体制教育，现代的体制教育当中绝大多数的内容都是为城市生活或者是为经济生活、市场生活做准备的。这个背后是工业和资本在推动的，它不是天然的。因此，对于乡村生活，我们长期接受现代教育的人普遍属于失能状态，像我们被封控以后感受到的一样，有非常多不便。我们可以称自己为精神上的乡村人，我们对田园生活有向往，但是身体很诚实，身体上都是城市人。

艺术家在这样的背景下，在乡村施展创造力，首先要重新融入乡村的生活，同时要突破现代产业分工带来的职能上、身份上的制约。打破了这种制约，艺术家才可以和在地的村民进行深度的合作。也就是说，我们要抛开产业分工赋予我们的固定身份标签：你是一个艺术家，你是一个版画家，你是一个雕塑家，你只能从事跟你的专业、跟你的身份有关的行为和生产创造。如果我们真的要到乡村去施展创造力，那么就要打破对自身和合作者的认知与身份标签。

当地村民其实本身有非常深厚的自然知识的积淀，这些知识在乡村艺术的创作当中，是非常重要，甚至是必不可少的。这些知识不是现代意义上的自然科学知识，它们就是自然知识的，是从实践、从经验、从传承当中获得的。这部分知识恰恰是我们长期在城市生活的人非常缺少的。艺术家需要自己沉淀到乡村里，让自己的感官再次发育。

艺术家必须在现场去构想，在现场去行动，在现场去思想，乡村是激发艺术活化的能量场和试验田。在我看来，不同地区、不同背景的艺术家汇集到乡村做艺术创造，带去的更多是各自的艺术语言，而他们所表达的绝大多数都是当地的故事和人类共同的乡愁。

我认为在艺术赋能乡村之前，反过来乡村先要赋能艺术，或者艺术先要从乡村中汲取能量。乡村振兴，它的尽头、目标、愿景是什么？

我想依然还是乡村去维持可循环、可持续的体制。就比如水稻收割完了以后留下秸秆，秸秆又燃烧可以变成草木肥料，秸秆还有其他的用处，包括建筑里面也有使用，草木最终又回到了水稻，是一个可以自循环的系统。由此启发，乡村艺术也需要具备这样的特性，就地发想、就地取材、就地创作、就地展示，最后就地分解。

"从乡村中来,到乡村中去",将潜在的乡村之美充分澄明。

我参加"摩登田野"展的作品叫《召唤3》,这件作品几乎是在现场构想的,它的部分是预先加工的,80%是在现场完成的。大量在现场设置安装方案、展示方案,也带有一点实践性。第一次去大棚的时候,给我的冲击非常强烈。人真正进到里面后,感受不一样。外面太阳起来以后投射在空间里面的影子,就像太阳就在你的头顶绕着这个建筑在旋转。这种感觉一下子把我拉回到日出而作、日落而息的时代当中,所以作品表现了跨度非常长的自然农业时代到机械农业时代的周而复始不断循环的意象。

我们把"摩登田野"展称为"大棚展"。第一个阶段,山是山,水是水,大棚是大棚;第二个阶段,山不是山,水不是水,大棚非大棚;第三个阶段,山还是山,水还是水,大棚依旧是大棚。

最终大家还是会回归,大棚终将还是会完成它自己本该有的使命。乡村也是一样,无论是振兴乡村还是建设乡村、改造乡村,它的终极目标都是会回到乡村。

荣晓佳现场工作照(崔仕锦/拍摄)

艺术点亮乡野：三门横渡美术馆的建设与运营

发言者：刘勇（上海大学上海美术学院建筑系主任，中国城市规划学会乡村规划与建设学术委员会委员）

我主要分享三门横渡美术馆的建设与运营，在这过程中探讨高等学校的建成环境类专业，在教学、科研、育人过程中，如何在乡村振兴背景下的村庄建设发展中发挥应有的作用。

自2019年开始，上海大学上海美术学院与上海上大建筑设计院以产学研合作的形式共同参与到横渡镇的乡村建设当中。

横渡美术馆的建设是让村内沉睡的资源变成资产的一次探索。建成后的美术馆成了乡村环境整治以及组织乡村艺术活动的重要载体。之所以取名为横渡美术馆，是因为当地与上海大学上海美术学院建立了长期合作关系，建设了一个以艺术为特色的村民活动中心，中心承担着村民的各项日常活动。横渡美术馆的东侧和南侧均为农田，也称为稻田美术馆。这个美术馆建成以后，以美院团队为主体协同上海大学的很多机构，共同参与了运营和活动，如：横渡之春文化艺术节、党建活动、教学活动、艺术活动和学术论坛，包括"社会学艺术节论坛""费孝通学术思想论坛""首届未来乡村论坛"等。该建筑在2021年获批"台州市第一批青年文化地标"，成为一个网红建筑。

在乡村振兴过程当中，我们还是希望通过一些小的点介入乡村，使高校能够承接的资源和特色、擅长的活动，都能进入乡村振兴过程当中。

人进入乡村振兴活动当中是非常重要的，只要你能去，就是对乡村振兴的支持。这个过程中，我们以横渡镇为基地，选择了"未来乡村"这个主题，一步一步在推进。在教学方面，已经引入了好几门课程，包括国际的工作营，也培育了一些科研成果，包括一项国家级课题和两个省部级课题。目前，不只是横渡镇，也拓展到了三门县，目前正在推动长三角高校联合毕业设计，包含：上海大学、中央美术学院、中国矿业大学、南京工业大学、浙江工业大学、浙大城市学院、台州学院。

我们期望以美院为主体，联合上海大学社会学院、文学院、设计院等等持续协同合作。在此基础上，引入乡伴企业、农业机构、上海地质调查院等，打造"多专业联合产学研一体"，以建筑和规划作为一个平台，更好地、多渠道地融入乡村振兴过程中。

作为一名土生土长的江海村人，我选择大学毕业后回到我的家乡江海村。

忆初心，做乡村逐梦人

发言者：陆燕青 （奉贤区南桥镇江海村村民，上海市奉贤区南桥镇人大办工作人员）

2020年的时候，我们突发奇想在村里举办一个彩稻音乐节，村民的热情超出预期，坐满100个座位后，村民们站在周围观看，说明村民对艺术类、创新类的东西非常有好感。

2022年，我们江海村和上海大学上海美术学院开展了大棚美术馆活动。做现场讲解员时，我发现村民会对一些老物件非常感兴趣，以至于最后变成了村民当讲解员，他们给我们讲故事，比如现场的作品《搪瓷年代》《百鸟林》都能够勾起村民的回忆。

我认为乡村相对城市就是一块白布，作为村官，就是把这块白布铺平、铺好。而艺术家们就是去绘画、去点彩的。在铺平这张画布的时候，我们做了许多努力，比如拆除违章建筑，在空地上搭建了"良渚园""三园一总部"。我们把现代的科技艺术引入农村，建立垃圾分类科普馆，开展无人机培训，让村民的生活更加缤纷。与此同时，搭建了古文化遗址展示馆向村民收集老物件、老配件。

作为村民，我呼吁艺术家们到农村来，农村就像一块试验田，有很多的空间、很多的不同于城市的肌理，可以让艺术家们进行创作。我记得之前张一戈团队在搭建《PopUp 101——绽放101》的时候邀请村民，我没想到村民会和张老师团队配合搭建一个非常陌生的东西，并保持着乐观。

江海村的百亩彩稻其实是一块非常大的彩稻田，我们每年会进行稻田画的创作。像"崇明乡聚实验田"这样的活动，江海村也可以开展，接下来差不多两年的时间，我们会进行乡村振兴的艺术创建，期待更多设计师加入建筑点位的搭建中来。

南桥镇第一届彩稻丰收庆典暨江海村田间艺术党课活动（陆燕青/提供）

剧场艺术演变过程与乡村的联系

发言者：刘正直（上海大学上海电影学院表演系负责人，上海影视戏剧理论研究会会员）

我主要和大家分享剧场艺术，谈谈我作为表演艺术家、表演者或者表演教育者，对于剧场以及剧场怎么跟乡村的建筑，甚至人民的活动联系在一起的经验，包括我自己原来的创作是怎么融入的。

第一，介绍戏剧在发展过程当中的时代特征。戏剧源于祭祀和传说。西方戏剧的起源是在古希腊，古希腊戏剧跟政治有关系，当时有一位执政官伯里克利（Pericles），他提倡民主、正直、勇敢，这是他执政的理念，他也提倡着身体之美和精神之美融合。古希腊还诞生了剧场艺术和奥林匹克运动。而表演的场地往往涉及建筑艺术，悲剧一般布置成王宫庙宇，喜剧一般布置为住宅。

到了古典时期，这个时期倡导的是一种表演的艺术理论的观念，就像哈姆雷特说的一句台词："自有戏剧以来，它的目的始终是反映自然，显示善恶的本来面目，给它的时代看一看它自己演变发展的模型。"上演的场所一般是在这样的剧院：有一个前台，为戏剧表演进行行列式之用，后台有布景，直接把建筑的风格融入进去，悲剧里面有王宫庙宇，喜剧里面会出现街道和广场。

到了近代戏剧，只要在舞台上出现的东西，都能成为表演的一个元素，它提倡的是独立于文学之外。戏剧变得更加综合了，音乐、舞蹈、绘画、行为艺术、戏仿表演、歌唱、咒符、喊叫以及种种物质和舞台灯光都成为戏剧的表现形式，这些都是为了刺激观众的感官，使其体验戏剧的快感，让日常生活中的压抑得到解放，让观众沉浸其中。演出场所也有了变化，在一座空房子中，演员在观众周围演戏，让他们参与到当中。

当代戏剧是一种跨文化的融合与探索。戏剧不仅仅只是一种演出辩论的载体，它变成一种演出的场所，也就是剧场。剧场就是一种主观能动行为。所以，各种各样的艺术形式被借鉴，剧场成为艺术行为发生的场所，戏剧不仅仅是对剧作家剧本的简单表演图解，也希望打破戏剧史与文学史的紧密挂钩。

第二，谈谈剧院场所跟乡建的关系。首先，当地的政府要有一个倡导的乡建理念，这个理念能够支持文化元素、现代元素的介入，哪怕是表演也可以进去。艺术作为载体，要与当地的自然、传统、建筑有机融合、碰撞，不能硬性嫁接。

其次，有了演出团体之后，要吸引观众。因为有观众，才会有表演，才能够解决当地就业问题。

最后，如何吸引观众？其一，村民要成为工作人员，成为常驻观众；其二，驻场艺术家必须长期介入，要和当地政府的理念结合在一起；其三，搞清楚游览者和观众的目的，有的放矢。

上半场评议

杨坤（松江区博物馆馆长）

各位嘉宾都以各自的方式整合乡村艺术资源，争取让更多村民加入艺术创作。

艺术不仅是一种美的追求，还有一个造化的功能，是天地万物之间非常和谐的融合剂。我们立足当下，面向未来，奉贤区和上海大学上海美术美院进行了很好的合作，取得了初步的成果，相信也能够领跑上海"五大新城"建设。

余思彦（金山区博物馆馆长）

"摩登"不仅仅是指农业的现代化，还有很多含义。上海一直说，要建成社会主义的国际文化大都市。国际文化大都市就意味着上海不仅有城市，还有乡村。我对艺术要为乡村赋能的理解就是通过艺术的方式，让大家去发现乡村的美好。并且这份美好要能够变现，一方面，我们要让乡村的人发现自己拥有的东西是那么宝贵，这是一种认可，另外产生一种回归；另一方面，更加重要的是要让城里的人认同这一点，并且他们愿意到乡村消费。

乡村文化的价值，以及这种价值的附加值，只有在乡村当中增加了它的分量之后，它才能更好地为乡村振兴去做赋能和助力。

乡村振兴现在最大的问题是产业兴旺很难做。艺术家谈乡村振兴不仅仅是要谈乡村艺术的重塑和再造，更加要谈艺术家怎么为乡村生计找出路，只有找到了这个结合点，乡村才能实现一种跨越式的发展。乡村美学和乡村艺术要为产业赋能。

此外，我觉得乡村美学应该有几个层次，一个是"自然之美"，比如我们村口的那棵老树；一个是"人文之美"，比如村里的祠堂、乡音；一个是"记忆之美"，就是习近平总书记讲到的"乡愁"，他说要看得见山，望得见水，记得住乡愁。记忆之美有点像拂尘，把尘土拂开来，让乡村明白，原来自己有这个宝贝，同时还要让城里的人认识这个宝贝，吸引他们来看这个宝贝，实现价值的赋能和价值的提升，从而实现乡村的振兴。

3.3 下半场：乡村赋能艺术

开场白

发言者：张长虹（上海大学上海美术学院史论系主任）

同样一个乡村在不同的人的眼里看出来也是不一样的，我们的艺术乡建应该是在哪一种层面上展开或者是为谁而建？这是一个非常值得思考的问题。

站在巨人的肩膀看艺术——浅谈艺术赋能

发言者：黄圣智（上海震旦博物馆执行馆长，K11华南区域艺术项目的运营及管理者，上海梦中心文化艺术部总监）

"巨人"讲的是什么？是国家的政策。所有与艺术和城市相关的政策都提示我们如何给人民提供更幸福美好的生活，艺术更多的是把真善美的意涵融入。根据过往10多年的经验，我将分享如何将一个核心城市的艺术项目，慢慢扩展到城乡接合部、甚至乡村。

"劳动产生灵感"，艺术的工作过程也是一种劳动，不管是美术馆内部项目，还是"摩登田野"这样的项目，抑或是在崇明岛、三门县所做的乡村振兴，都是透过艺术创作的过程，产生灵感，然后赋能乡村。

百年来，上海其实从来都没有老过，它一直是这么摩登。在这样的城市中，K11美术馆能够突围，是因为它建立起了很重要的消费族群，包含艺术家、收藏家、画廊老板以及艺术爱好者，让他们进入这个商场空间去生活、购物、用餐，带给这个商业环境更好的收入并在业绩上反馈。

那么谈到艺术乡建，在预算、城市能级状况及总体经营策略的挑战下，规划经营策略及产品组合，透过创造高价值IP来提升品牌价值贡献及业绩价值贡献。艺术就是一种IP，但是艺术不是为了艺术而艺术，艺术本身能够带来更大的附加价值的时候，它才成为IP。

长期以来，我们认为一个好的艺术项目必须有可持续化发展的可能性。所以，"业绩价值"是非常重要的一件事情。对于乡村美术馆或者地区性的博物馆，最重要的是要搭建出一个完整专业的团队，它既能够符合艺术文化的推展，也要能落地在当地社区成为美育营造和未来各个地区的推动者。比如，通过艺术家、设计师的转化，把农产品活化，变成一个可销售的艺术食品。各区博物馆的馆长如果能够兼职带货，参与销售活动，如此既能把艺术文化带到这个地方，又可以促进乡村GDP的提升。

要加速数字经济发展。用科技融合的技术，甚至元宇宙、区块链去创造一个资源平台以整合所有人的项目，去发声、影响、分享到城市的群众，邀请城市核心群众到乡村里面度假。这不仅要靠政府层面的支持，更要用博物馆等民间力量去加持它。在品牌价值建立后，要有业绩价值去支持它长期运作。在这之中要考虑到项目在社会层面、市场、消费者、族群的影响力。

顺应人民群众对美好生活向往的需求，艺术文化是最适合的一个切入点，艺术赋能是持续性的，要长期、持久地规划。除此之外，社群的营造、流量的引入、媒体的报道缺一不可。

展览视觉衍生（达天予、刘样/设计）

艺术乡建：关于目的、过程与后果的经济社会学思考

发言者：严俊（上海大学社会学院副教授，经济社会学与跨国企业研究中心联合主任）

我的分享主要从论文《艺术乡建：关于目的、过程与后果的经济社会学思考》说起。

首先，谈谈目的，艺术乡建在国内比较红火，类型和现象都很纷繁，无论是社会学的研究，还是系统地对它进行优化和分析的工作，都应该从分类和定义开始。

思路主要是讨论一个主导项目的艺术家团队或者个人，和项目直接作用的村庄、共同体和村庄内的居民，他们各自都是持有一个改善现实生活跟展现美学和文化价值的双重目标的。但是，问题在于双方的现实目标和关于文化优化的看法，可能是不一样的。所以一个项目的进展过程，取决于双方如何实现这种客观存在的差异和最终达到均衡的过程。

现在以艺术家为代表的创意群体，在中国各地乡村中的存在越来越明显，有很多形式，比如说在地的创作、展览、修复古建和自然风貌，包括发展文化产业，诸如此类的很多行为都是存在的。其中有一些具备很大的国内和国际影响力。

虽然他们内部的差异很明显，这些活动的主办者彼此之间也并不认为他们属于同一类活动或者同一类人，但是我们会将他们笼统地称为"艺术乡建"。并且在这样一个广义的概念里面加以讨论，就是艺术如何介入社会，大体上可以分3个比较典型的类型：

第一类，艺术家在乡村开展的艺术创作或传播活动，目的指向在特定乡村物理与社会空间中探索新的艺术可能性，不试图改造社区的观念与生活方式（即便产生客观社会后果）。

第二类，艺术家发起或牵头、各级政府与市场力量共同参与的文化创意产业经营。虽然强调当地居民的参与和红利分享，但首要目标着眼于企业盈利、地方财政收入与知名度提升等外部主体需求。

第三类，以艺术作为手段来改造乡村社会，使之朝向发起者认为的理想文化状态演化。社区居民的参与既是过程手段也是目标。

区别于结果导向的项目评估或价值导向的文化批判，提出"现实—价值"双重诉求与互动的经济社会学分析模型。剖析不同案例，揭示其差异化路径的成因与社会后果。

第一，目的层面，艺术乡建者如何处理价值观推广与多方利益平衡的关系？

第二，过程手段层面，"艺术介入"的必要性和可能性是什么？如何保证它发挥预期作用？社会后果层面，如何看待成败的确切内涵？

第三，如何识别项目盛衰背后的细微差异等？

一个基于密切互动的艺术乡建要想取得成功，是否必然伴随着一种地方居民的"文化自我觉醒"的过程？如果要实现艺术家和现代知识分子们所倡导的一种理想乡村的状态，这种"理想乡村"在觉醒的条件之下，怎么去应对社会变迁的条件呢？也就是说，我们怎么去处理一个所谓的熠熠生辉的传统跟现在无处不在的动态变化现实之间的关系？

如果一个项目对艺术家来说非常满意，那么这个项目的特点大致是：在现实层面之上是完全可以运行的，收益和现实的运转是自足的，不需要额外的输血和扶持的力量；不至于陷入一种所谓的商业庸俗或者完全失去它在价值上的诉求，甚至可以说它找到了一个现实运行的可行性条件与价值坚持和发展的均衡位置。而对于村民来说，对好的项目的期待和艺术家是不匹配的，可能会出现断裂。因此，费孝通先生早期的时候不太喜欢当时同一时代的其他知识分子所倡导的乡村建设。他觉得以一种所谓的教育者、启蒙者的姿态来思考所谓的乡村，这些思路是有问题的。他认为必须要科学地认识乡村的真相，比盲目地开展教育、观念的塑造，要重要得多。但到了晚年的时候，费孝通先生自己有一个改变，他发现实际上简单地认识所谓现状的现实是不够的。因为教育可以让人们的观念发生改变，观念本身会引导现实的改变，观念是可以被作用的一个因素，而不是一个必须被接受的固定事实。费孝通先生提出，文化的自我觉醒和自我觉察，对于一个文明、一个社区、一个人来说，都是非常重要的。

据此，回答两个在艺术乡建中提出的问题。

第一，实现村民"现实—价值"双重满足的成功艺术乡建一定伴随着"文化自觉"的过程——只有当村民了解"理想乡村"与自身历史的联系，理解生存方式与生活意义融洽共生的内涵时，乡村的新文化才得以内在均衡。

第二，面对变迁带来的外部挑战，放弃"理想乡村"的复旧幻想，持续创造新的"现实—价值"自洽系统才是唯一合理的选择。乡村建设的目的不是追求任何一种永恒的田园牧歌，而是赋予其在动荡中自主建设新生活的能力与信念。

谁的乡村，何种艺术——来自一位村民的期待
发言者：**段志强**（复旦大学文史研究院副研究员）

每个人心目中都有一个"乡村梦"，但是把它付诸实践的，少之又少。我作为村民，我是期待被艺术赋能的。我主要探讨两个问题：到底是谁的乡村；需要什么样的艺术。

第一，对于外部来说，是国家的乡村、领导的乡村。这样的乡村，一方面社会知识非常重要，希望整个社会都在比较平稳的轨道上运行；另一方面，又非常重视经济建设，希望整个乡村保持比较好的发展态势。

第二，是村民的乡村、基层干部的乡村。基层干部住在不同的乡村里面，感受也是不一样的。

第三，是游客的乡村、消费者的乡村。看到艺术装置最激动的可能是游客。游客其实对于乡村的塑造是相当重要的，特别是在大都市周围，因为乡村的经济很多时候要依赖这些消费者。

第四，是商家的乡村、民宿的乡村。在乡村生活中，如果看到一个房子或者院子充满着艺术气息，本能反应会是"好像这是一个民宿吧"。这些商业的据点好像镶嵌在乡村社会当中的一个个岗哨，这种岗哨你可以说它是艺术的岗哨，也可以说它是商业的岗哨。

第五，是艺术家的乡村、学者的乡村。

第六，是自然的乡村、动植物的乡村。这个乡村本身有一套自然秩序，这套自然秩序和人的活动密切相关，但是不能完全用人的活动来涵盖它。

我们看待乡村的时候，应该意识到乡村层次的多样性和复杂性。在艺术乡建中，什么样的东西被判定为艺术？

第一，色彩最容易引起艺术感。很多东西需要特殊的场合才能展示，才能被看到。反而色彩是最简单的、最原初的艺术形式，更容易被大家接受。我到乡村来最大的感受，乡村是大块的色彩拼接。

第二，艺术的场景建造。目前乡村的公共空间大致可以分3类：政治性的公共空间；历史和文化性的公共空间，比如说祠堂、水井、桥头等一直延续下来的地方；个人社会关系的公共空间。艺术也可以是塑造新型公共空间的工具，这种公共空间不但跟大家产生艺术上、精神上的关联，同时也能嵌入结构当中，这点是相当重要的。

第三，艺术可以"复健"，起码在上海周围的乡村是谈不到"崩溃""衰败"这些词的。但是乡村的社会关系处在急速的断裂当中，年轻人带着孩子到城市里去了，村子里住的都是老年人、行动不便的人，还有我这样奇怪的人。

如果有一个公共空间，通过艺术品、藏品、

展品提供共同话题,实际上也有助于复建那些断裂掉的社会链接。艺术改变乡村的角色,改变乡村作为城市的附属品、作为城市初级产品的提供者这样的角色,它真正能让大家的社会关系,无论是空间、心情还是精神,都有回归的感觉,这是最终的目标。

展览视觉衍生(刘样/设计)

文化,让江海更多彩

发言者:顾春锋(奉贤区南桥镇江海村村委会书记)

2018年中央一号文件提出"乡村振兴",其中有"乡村文明"。文化是一个地方最基本、最持久、最深层的力量。文化可以体现一个地方的人文、思想、素质、精神、气质,说到底重视文化就是要"铸魂固本"。

江海未来的发展是靠什么样的文化?什么样的艺术最契合江海?如何抓住目前国家重视、各级领导重视,这么多专家、教授莅临我们江海村的契机,来推动文化艺术赋能江海振兴,这一点尤为重要。为期一个月的"摩登田野"乡村美育展活动,关键是如何可持续发展,来推动江海的发展。我们设定了一个总体的大方向,打造一个"田野综合体",也就是集产业融合、生态涵养、文化体验、现代农业、观光休闲的多彩江海田野综合体,这中间最重要的就是文化和艺术。下一步,实践层面有两个方面值得重点探究。

第一,在顶层规划、设计上,要融入美学价值。奉贤是一个大观园,村村是度假村,在一个农村里面一步一景一致,要体现文化艺术。

第二,打造重点项:文化创新魅力区,精品力作打卡地。

在地性乡村美育社区营造实践

发言者:陆勇峰(国家注册城乡规划师,同济规划院城市设计研究院副总工程师,城市空间与生态规划研究中心副主任,上海首批乡村责任规划师)

我从3个方面谈我的社区营造实践。

首先是项目缘起——乡村振兴时代背景。贾平凹先生说过一句话,家乡对我们的影响,就像乌鸡的乌,那是乌到了骨头里面。我是崇明人,我家在建设镇,今天我讲的案例是其中的富安村,我从2018年开始负责富安村的规划设计。村子的定位是"康养富安—合美乡村",它是市级的示范村。整个乡村特点是二分宅院三分田,四水环绕五分林。

其次是实践部分。2018年底我在村子里调研的时候,无意中看到一位老人在做扫帚,我把这个场景用手机拍了下来,回到社区以后,一位好朋友和我一起创作了一幅画,我特意把这幅画送给了老人,看到老人拿到画以后非常激动,引起了我很多的思考,我想能不能以这种方式让艺术、绘画和乡村发生关系。因此有了美术馆，一座扎根崇明乡土的乡村美术馆，厚植乡土人文内涵，链接城乡艺术资源，培育赋能乡村美育，推动在地艺术乡建和社区营造，让一座美术馆创变一个村。

美术馆对村民来说，是一个非常新鲜的事物。围绕在地性，我们不断开展美术馆的实践，乡村美育+社区营造构建了8部分内容——社区调研、社群构建、主题策展、乡建沙龙、公益活动、特色项目、枢纽链接、机制共建。

这之前我们从社区营造"人、文、地、景、产、治"6个维度去了解乡村。我们的愿望是让一座美术馆创变一个村，真正成为村民家门口的美术馆。

最后是思考可持续的社区营造。

（1）如何将社区营造理念引入崇明乡村振兴？

在崇明已经开展的乡村振兴工作中，缺少社区营造理念，偏重于物质空间改造。本项目希望在空间营造的基础上，进一步将社区营造理念和工作方法引入富安村，赋能乡村社区，从而提高乡村社区治理能力。

（2）如何通过乡村美育激活乡村内生动力？

充分依托艺术、绘画、创意等传播性较强的形式，通过本土文化创作与现代艺术的碰撞，提升村民的美育知识，继而激活乡村内生动力和多元可能。

（3）如何通过乡村社区营造推动乡村文化振兴？

倡导可持续的社区营造，推动乡土文化的传承创新和文化自信，并逐渐培育特色化的乡村文创经济，助力乡村振兴。

富安乡村美术馆（陆勇峰/提供）

参与式策展与艺术乡建

发言者：马琳（上海大学上海美术学院美术馆副馆长、艺术管理专业博士生导师、史论系副教授）

关于艺术乡建的策展项目有两个关键词，一个是在地性，一个是参与式。我从策展人的角度谈谈关于参与式策展与艺术乡建的一些思考。

参与式策展的背景是，在近几年新博物馆学和新美术馆学的影响下，许多策展人进行艺术乡建的策展项目，开始尝试以参与的视角开展策展与公共教育实践，并且提供各种方法，让社区居民和村民从观看转变为参与，并且能够深度参与到所在社区的当下与未来的建构中。

对于参与式策展，首先介绍"边跑边艺术"展览，它是由"社区枢纽站"发起的，由策展人、艺术家和志愿者组成开放式小组。最初是2018年与美丽乡村徒步赛合作的艺术项目，其后发展成一种常态的艺术小组，并成为公共文化服务体系创意中的参与者和实践者，它是通过城乡社区和公共文化政策创新相结合，将艺术家的当代艺术流动于城乡之间的一种最新的方式，"边跑边艺术"也是美术馆展览和公共教育在社会现场的最新实践，从而体现"艺术就是生活、生活就是艺术"的理念。

在发展的过程中，艺术家的作品逐渐开始邀请当地社区居民一起进行创造，形成参与式策展中的共同协作型。

2018年王南溟发起了社区枢纽站，并获得了专业界人士及学生的广泛支持和参与，它首先以学术理念和项目策划的方式与社会各组织、社区进行广泛的合作及实施，从而更好地让美术馆化的社区艺术文化与学术界互动。

所以，社区枢纽站既是一个将美术馆伸展到社会现场从而重塑美术馆功能的实践，也是将美术馆的公共教育项目更直接地呈现给公众的一种方式。更进一步说，社区枢纽站是为公众提供无边界的艺术现场，让"人人都是艺术家"的口号在这样的社会生活中真正成为一种可能。

我们先是以美术馆的工作方式到乡村、到社区，再反过来把这些展览搬回到美术馆，能够让大家了解关于艺术社区，包括艺术乡建的一种发展路程。

以下分享我关于参与式策展的思考。

第一，在参与式策展中，社会动员非常重要。社会动员如何在艺术项目中形成？艺术家与参与者如何互为主体？跨学科的专家如何参与？这些都是需要解决的问题，以便在参与式策展中发挥大家的作用。

第二，参与式策展如何在艺术乡建的过程中变成一个可持续的项目，策展人、村民、公共文化政策、主办方如何认识和协同？这几年，很多社区美术馆、乡村美术馆都是昙花一现，或者只注重硬件的建设，而完全忽略了对于社区美术馆和乡村美术馆的管理与运营。它们如何能跟所在的村民和社区居民发生关系，能够唤起他们对于这个乡村和社区的历史记忆，又如何通过展览反映他们的当下生活和对未来的展望，从而成为一个能够反映全体村民需求的公共的空间，这些都是关键的问题。在这方面，其实有很多乡村美术馆、社区美术馆不重视，甚至是忽略的，或者说没有能力去做到的。

第三，参与式策展对策展工作方式的改变并不意味着策展人放弃自己的立场，它是一个非常开放的策展方式，它可以允许公众对其提出质疑和挑战。

第四，关于参与式策展与社会美育的关系是毋庸置疑的，通过一系列的策展项目，可以很好地把艺术搬到社区居民家门口，让大家近距离就可以看到在美术馆一样的艺术，从而提升自己对于艺术的理解。

最后我想提出一点，这两年我看到在越来越多艺术乡建的同质化现象之外，还有嘉年华和娱乐化的现象，这是需要我们警惕的。

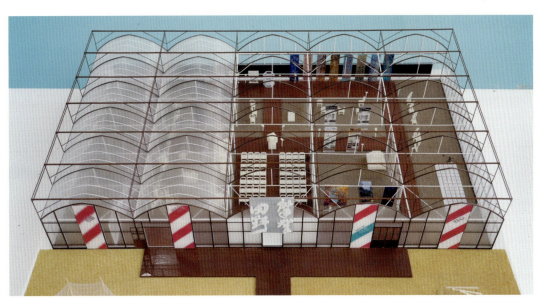

展览模型（程雪松/提供）

在乡土与都会间折中的"上海设计"

发言者：赵蕾（上海大学上海美术学院副教授、设计系副主任、"百年上海设计"工作室主任）

2020年9月到2021年3月期间，我们在上海刘海粟美术馆做了"百年上海设计展"，这个展原定跟展馆签订3个月展期，应市民热烈的反馈和美术馆的邀请，延展了3个月。

展览中第一次对上海从1843年以来整个设计的生态做了一个比较系统的、文献式的、学理脉络梳理型的展出和呈现。整个研究团队关于上海的设计文献方面的一些研究视角，有3个很重要的基础。

第一，所有的研究，包括展览阶段性成果的呈现，都是基于我们第一手实物文献的收藏和梳理。

第二，对现有的与这些设计物以及文献相关联的人的"抢救性口述"，一起进行相关的研究。

第三，我们的研究是"打破围墙"的，不仅有高校的研究群体，也有社会各个层面的研究学者，以及设计观察者和文献收藏者的共同汇聚。

从研究脉络来说，是从2012年上海美术学院关注到"百年上海设计"这个课题开始聚焦。从《百年上海设计》这本书的梳理到"摩登田野"的展览，关于摩登都会和乡土之间的问题就是我要谈的，也是对我参展作品《搪瓷年代》的回应。上海设计更多被作为中国近现代都市设计的一个范本或者是一个研究聚焦来提出的研究范畴。从已有研究成果来看，这样提出的命题，很多时候都是关注上海在东西汇流方面所起到的文化交融作用和风格的相互影响。对于上海与中国其他城市地域相关联的影响，甚至是"都会"这个命题跟乡土之间的关联性，并不是特别的聚焦或者鲜明。

为什么田野会和摩登进行交融？摩登和田野这个话题，从物理性关系的交融以外，把都会和乡土之间在文化时空当中的对话这个命题带到了我们面前。

乡土和都会之间带来的上海第一次"移民潮"形成了对移民身份的拷问，它所带来的由乡土的背景汇聚到都会当中的这些设计师，在20世纪三四十年代构筑了海派的一个风格。很多上海的设计师，无论是在包装、书籍或者其他作品里面，都不自觉地将农村这种乡土的生活和劳作的图景融入他们的创作里面。

关于乡愁的图案和图像入乡，也建立在移民身份问题的基础之上，从上海周边、江浙以及从全国各地过来的一些移民背景，可能都为当时上海本土化的设计风格语言构筑了很重要的一个民族风格的基石。实际上，乡愁图案的表达过程当中，可能会代入创作者对于自己原生或本土身份的视觉关联和记忆。从城市到乡村图像入乡，这样的一些图像如何从城市又返回到乡村？

用一句话总结我今天的分享："一场对话，如果没有产出新的空间，那么它就没有释放其全部的潜能；如果没有改变生活的话，它也是失败的。真正的变革，必定会在日常生活、语言和空间中体现出它具有创造力量的影响。"

我们今天所有创造的这些对话的产物或者这些物件，都是我们在这个时代回应乡土、乡村和城市之间对话的符号与文献，在未来都会成为我们的后代，甚至是未来的人考证我们今天关于这个问题的思考的来源和依据。

《搪瓷年代》（赵蕾/提供）

"穿梭"城乡艺术互动

发言者：葛天卿（上海大学上海美术学院设计系教师、源创图形工作室主任）

主要从"摩登田野"执行者的层面来讲，我一直在思考接下去该怎么做，展览现在已经布好了，展览也有结束的期限，接下来，空间怎么用？我们和江海村已经结下了深厚友谊，我们怎么去孵化下一个项目？

在封控期间，我一直有一个感想。乡村要振兴，那么城市呢？城市也需要营养。我们展览的"四归"表明城市还是从乡村发展出来的，下一步要思考如何促进城乡联动发展，"融合城市的灯红酒绿和乡村的山青水绿"。

金江波院长对我们策展团队，包括未来和乡村政府合作的艺术团队，提出了一个希望，即能够带来更有创意的、更有艺术设计感的联盟和集合体。对我个人来说，有一种责任感在身上。

"摩登穿梭"的概念——"穿梭"一个是时间意义上的，一个是地域意义上的，要把两个区域的资源进行实时互通。"穿梭"是一个不间断的，互相影响、互相融合的概念。上海市政府一直提出"街道可漫步，建筑可阅读"概念，也是为了能够使艺术和文化以一个通俗易懂的方式，或者一个更平易近人的方式，让市民接受。

回到"摩登田野"来说，也可以打造一个"田野可漫步，乡村可阅读"的概念，这两个平行的概念进行互相的联动和互通，主要是元素的互通和运维的互动。

"摩登穿梭"，致力于城乡艺术互通，使"摩登田野"与"摩登弄堂"梦幻联动，将城市艺术概念迁移到乡村，又将乡村本土风光在城市中发酵、重塑，各取精髓，进行跨时空融合共生。城市与乡村的形象互通：乡村原生态视觉形象与城市时髦小资视觉形象互通，城乡视觉基调的互补感擦出新的火花。城市与乡村的运维互通：乡村的生产风俗和城市艺术运营方式的交织和互通，使文化附加值持续发酵，提升体验度，达到互通、共荣、齐发的文化共鸣，形成新型城乡互通艺术生态。

"摩登弄堂"截取上海市区很多弄堂里面衣食住行的一些文化、生活，把它们变成了一个视觉符号，作为一个展项，进行大众美育的教育，覆盖了全年龄段。

"摩登田野"也再现了一股海派乡村风情。大棚是一个非常时髦的地方，完全不用做任何加工，就可以做国际一线品牌的大秀场。

作为运营的话，从农村的产业，一直到城市的创意产业，可以进行互相的运维作用，这也就是我前面说的不间断的运维过程，而并不是说做完一站就走完一站。后面就是落地实施的部分。我想了以下3个概念。

（1）艺术仓库。

这个仓库是一个符号，它可能是一个实体的仓库，也可能是艺术家脑子里的创意点，我们通常称之为"素材库"。这个仓库是有形、无形的艺术仓库概念，由一个穿梭的行为，可以把各地的艺术资源进行融会贯通，使多元化的各种艺术形式能辐射到更多的乡村艺术群体。

（2）田间市集。

其实这个词听得很多，也并不是一个新鲜词了，但是我觉得它还是很能接地气的讲法。在运营这一块，我觉得一方面是田间的风俗能够进城，另一方面城市的风情能够入乡，也就是把赶集的事情放到市区做，把艺术展的事情放到田间地头做。

（3）摩登工厂。

现在都非常流行厂牌，很多赛事运动队伍叫"厂队"，意味着较为专业和水准较高，我们要有一个工厂，这个工厂可能是个厂牌的概念，我称之为"摩登工厂"，也是一个有形和无形的空间，在这里面孕育着乡村产业的时尚孵化。同时，制造着艺术城乡互通。一个大的联盟，组成我们摩登艺术厂牌，由这个厂牌来制造我们最专业的、最可持续的"摩登穿梭"的孵化。

最终我们想达到一个"IP×IP"的几何效应，地方文化的IP和城市文化的IP共同发酵，最后能够形成一个比较大的"海派城乡"的IP概念。有一些可以是与传统、与都市融合的，到最后肯定是达成与世界对话的。

丰盛嘉集——摩登弄堂展（葛天卿/提供）

移动模块与乡村艺术闪现

发言者：张一戈（享念科技创始人，国家一级注册建筑师，上海上大建筑设计院创意设计研究院副院长）

我在"摩登田野"中践行了自己在乡村建设领域的一些理念。目前我最关心艺术进乡村的市场可持续性。

问题的出发点在于一个能量密度的问题。我们做一个艺术作品，它的受众在城市当中可能有几十万人，在乡村当中可能就是几百人，怎么解决这个问题呢？首先要维持一个运营的基本成本。

我们一直在践行"以时间换空间"的策略，希望艺术以一种闪现的方式在乡村实践。如果我们的艺术能量不能支撑一个永久性的场馆的话，完全可以用这种策略来解决这样的问题，让艺术去惠及更多的乡村。

我们所创造的《POPUP101——绽放101》系列这个装置作品，希望打造成可移动的、循环的模块化产品，这样一个装置可以进行手工的拆卸，在不同的乡村里，以各种各样的形式，一次又一次地出现，可以在不同乡村之间穿梭。

经过多次的乡村在地搭建，我总结出几个要点：乡土材料的准备，当地村民的参与度，"时令"的选择。

我们已经体会到从一种对永恒空间的建造的关注，转向一种对瞬间事件运营的关注。对于乡村，包括对于现在的流量吸引力来讲，时间的运营可能比空间的建造还要重要。

我们期待可移动模块建筑及装置，倡导艺术平权，希望通过建造与运营给更多社区带来活力。

《POPUP101——绽放101》（张一戈/提供）

上半场评议

王新宇（嘉定区博物馆馆长）

乡村振兴的过程当中，很多艺术家、建筑师、社会学者以及其他学科的专家学者纷纷进入艺术乡建的项目里面，他们的艺术项目如火如荼开展得非常成功。"摩登田野"既代表着上海，又代表着现代与传统、城市与乡村、本土与世界的融合与对话。乡村实践不管是在建筑的营造上面还是在活动的运营上面，都充满了本地化的智慧。通过挖掘这片土地本身的文化资源，打通城市相互穿梭，这也是我特别肯定和推崇的地方。在艺术乡建的过程里面，我们要对乡村有敬畏之心，尊重乡村潜在的文明秩序，以及其与都市现代生活的关联，同时用积极的艺术理念和实践，真正地实现美丽乡村的理想。

张雪松（奉贤区博物馆馆长）

"摩登田野"之前对我来说是非常抽象的。城乡之间一直存在着很大的差异，它们的属性不同，它们最终反映出来的面貌也不一样。整个互动过程，怎么产生，互动之后产生的效果是什么，都是非常令人期待的。

"摩登田野"吸引到这么多艺术家参与，将个人想法在乡村落地，这样的过程中就起了很多化学反应，积淀下来的东西是非常值得研究和探讨的。期待项目不断深入下去，在多个点位试验。

大棚美术馆丙烯油画（高攀/绘制）

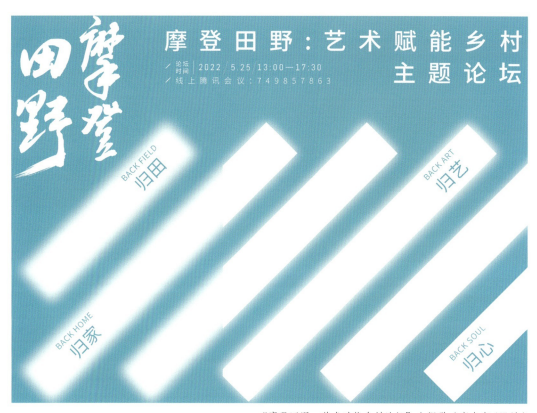

"摩登田野：艺术赋能乡村论坛"主视觉（窦志宸/设计）

"摩登田野：艺术赋能乡村"论坛嘉宾线上合影 （卢俊辉/拍摄）

"摩登田野：艺术赋能乡村论坛"海报（窦志宸/设计）

第四章　媒体评论

4.1 摩登田野可以有多美

4.2 奉贤江海村：种植大棚何以"变身"美术馆

4.3 田间大棚"种"艺术

4.4 艺术赋能乡村，田野亦能摩登 —— 乡村振兴让艺术开路

4.5 其他报道媒体

4.1 摩登田野可以有多美

记者：柳森
媒体：《解放日报》
时间：2022-03-21

"开轩面场圃，把酒话桑麻""童孙未解供耕织，也傍桑阴学种瓜"……长久以来，中国古典诗词中的乡村意象体现了国人血脉里的文化乡愁。然而，随着城市化的演进，城市和乡野的面貌都发生了巨大变化，城乡之间也在找寻着更好的对话方式与协同发展之道。

在上海的郊外，田野是海派文化传承和发展的家园，也是不断在嬗变与更新之中的现代场域。如何找到适合上海乡村振兴与发展的新路向，人们始终在求索着。

日前，由上海大学上海美术学院、奉贤区文化和旅游局、奉贤区南桥镇人民政府等单位主办的"摩登田野——2022新海派乡村美育展"在奉贤区南桥镇江海村举办。艺术家及专业工作者们可以为上海的城乡融合发展做点什么？本次展览学术主持、上海大学上海美术学院程雪松教授向记者道出自己的思考。

到田野里去

解放周一：这是您第一次参与将艺术设计与田野结合起来的实践吗？

程雪松：2019年，为了参加米兰三年展，我们曾围绕着崇明国际生态岛的特点做过一些设计和研究。当时的设计更多是停留在观察设计对象的层面，我们心里觉得有遗憾，就想着，如果再有机会做艺术与田野结合的设计，一定要走到真正的田野里去。

这一次，这个想法实现了。不仅我们的策展过程得到了当地的认可和支持，我们还很幸运，能有机会利用一个正处于休耕状态的蔬菜大棚进行布展和创作。除了作为主要展览空间的大棚，我们还把一些作品摆到了户外，在房车、田野等环境中进行展示。

最终呈现在大家面前的展览以"摩登田野"为主题，分为归田、归家、归艺、归心4个分主题展区。展出的30余件作品，包括艺术装置、现场创作、设计案例和美育活动4种类型，涵盖了表演、绘画、影像、建筑、产品等多种形式。其中既有高校教师的创作实践，也有知名设计师的精选力作，还有部分青年学子的主题习作。

解放周一：听说，村里一开始推荐了一些可供翻新的民居，但你们最终还是选择了大棚。

程雪松：是的。最终选择这个大棚，一方面是因为它周围的环境特别有摩登田野的味道，另一方面也是因为这个空间可以满足布展本身的基本需求。即便是在乡村的土地上办展，也面临展品排布、参观动线设置等实际问题。考虑到为展品和观众创造尽可能理想的环境，我们也要审慎选择。

参观路线一般是一条供人流畅行走的动线。为了把合理化动线付诸实施，我们在既有的土地上搭建了一块"田"字形地台，区分了不同的主题展区，也确保人们走在上面，感觉是平稳的，否则，在泥土里深一脚、浅一脚地走，展览就没法看。这是一个比较基本的保障。

另外，从乡村道路到大棚还有一段路需要步行。为了解决这个问题，村里帮我们铺了一条笔直的大道。虽然这条路不是很宽，但它很重要，既是通往大棚所在地的一条轴线，也为方便工作人员和观众走到大棚里参观，创造了更好的条件。大棚里的照明设施也根据展览的需求做了调整。

平时，我们习惯了在设施齐全的美术馆里布展，来到真正的田间地头，有很多经验都需要重新积累。办展之余的时光也成了我们深入当地、了解文化习俗、挖掘文化元素的好时机。这些新的经验也促使我们思考：乡村何谓、乡村何为、乡村何往、乡关何处。

探索"新海派乡村"

解放周一：如今，很多人都在思考，像上海这样一个国际化大都市，它的乡村该是什么样？经历了此番策展，在您看来，怎样一幅乡村图景，比较适合上海？

程雪松：一个比较核心的感受是，上海的乡村应该跟其他地区的乡村不太一样。就拿我们这次办展的村子来说，它耕作的都不是平日里比较常见的农作物，而是一些观赏类的农作物。当地老百姓的生活方式也和我们过去印象中的不太一样，相当于是大城市郊区的一种生活方式。

可能因为无人机是当地新兴产业之一，去年过年时，村干部给村里的老人送去新年问候，用的竟然是无人机。他们用无人机给一些村民送去了当地的特色糕点。今年，他们还在新年问候活动中采用了机器狗。村里面还有很多其他的时尚元素，让我觉得很意外。

解放周一：比您之前想象的要洋气一点。

程雪松：是的。村里虽然农业不是强项，但已经发展出一些新兴产业，包括无人机产业、美妆产业等。奉贤区正在打造东方美谷，聚焦美丽健康产业。这一点在江海村也有所体现。这些发展动向，对于希望参与到乡村振兴工作中的艺术家而言，都应保持关注，及时跟上新变化、新趋势。

解放周一：这一次展览的副题是"新海派乡村美育展"。如何理解其中的"新海派"三字？

程雪松：副题中的"新海派"与其说是下定义，不如说是提出问题。新海派乡村在文化消费视野中如何嬗变与更新，都市语境下的艺术与设计能否介入广袤的田野，是此番展览提出的一道思考题。

此番有机会到乡野环境中工作，我已经可以体会：在上海的郊外，田野是海派文化传承和发展的家园，更是可以流淌着时尚气质的现代场域。这和我过去的经验已经有所不同。而不止一位艺术家朋友告诉我，他们觉得，自己在乡村的创作状态，跟在城市里、在美术馆里、在画室里的状态非常不同。

在乡村，在离大自然更近的环境中，艺术家们倾向于觉得自己在创作时受到的羁绊和束缚更少，可创作的空间也相对更自由一点。尤其在乡野创作，人的感官全方位打开，创作者的创意和活力得到更充分的释放。这样一种创作状态，我相信，对于全世界的艺术家来说，都是非常具有吸引力的。

可见，随着城市化的演进，不仅是都市人需要突破传统农业叙事、重新深入现场了解农村，新一代的农人也可以在不断丰富的、与城里人展开的交流中，重新发现自己、了解自己、意识到自己独特的财富和资源。

乡村环境系统无法简单复制城市的管理经验，也不应成为城市的再版。乡村环境系统如果与乡村社会的生产、生活、治理、文化相结合，也可以成为一个自足的生命世界。在此过程中，艺术可以架桥，帮助乡村和新农人重新发现自己。就拿我们这次选择在大棚中办展来说，一开始，我们只是觉得那样一个空间，更符合办一个现代艺术作品的展览的需要。尝试过以后，我们有几点发现：这个大棚不仅是田野和土地的一部分，更是两者的延伸；大棚虽然没有城市建筑的稳定感，但作为一个空间，它对艺术创作具有很强的包容性；当我们的艺术创作在这样一个包容度很高又与大自然十分亲近的场景下发生，它带给创作者一种难得的"间性状态"。

所谓的间性状态，一方面，在时间上具有短暂性，因为它短暂，所以充满魅力；另一方面，在空间上，它是介乎于建筑和场地之间的一种空间形态，赋予创作者更多探索上的可能性，也给作品本身增添了一层可以再诠释的可能性。对于参观者而言，可以一边看作品，一边感受棚外的风景、看到充满生命力的田野，耳边是风拍打在大棚表面发出的声响，这些都是在美术场馆里体验不到的经历。

解放周一：可不可以说，这一次的策展迈出了探索的步伐，但这些探索还只是一个开始？

程雪松：是的。我们发现，在乡野策展，展品本身的过程感非常重要。比如，有一个作品本来还没有制作完毕，艺术家把它带到展览现场继续创作，继续做实验，获得的效果很不错。

又如，经过一些艺术家的调整，这次有些作品仿佛是从泥土里长出来的、有些作品是从大棚钢架上往下悬垂，后来就发现，这样的处理方式效果很不错，使作品的一些特点得到了突显。这些都需要艺术家真正来到现场进行创作，甚至是特地为泥土环境创作。未来，我们会考虑继续挖掘当地的文化资源，使创作和当地的资源禀赋、产业特色更深入地融合。这对艺术家们的创作自觉和积极性提出了更高的要求。

美育是双向的

解放周一：这一次的展览开辟了专门的美育活动板块，与当地的小朋友们一起创作、互动。在您看来，未来的乡村美育还可以在哪些方面多多尝试？

程雪松：这一次，我们主要准备了两种活动形式：一种是带孩子们利用触手可及的材料，比如黏土，制作可以反映生活美好的手工作品；一种是用当地特有的彩色稻谷作画。由于房车露营是当地产业经济发展中的一个新亮点，我们就找来一辆房车进行了全新的打造。车里有很多类似抽屉这样的收纳空间。一个抽屉里就放一幅孩子们的作品。我们希望参观者可以由此获得一种"抽盲盒"般的惊喜感。这样的布展方式，等于是将作品展示与"抽盲盒"这种当下比较时髦的青年人的生活方式结合了起来。

活动实施下来，我最大的感触是：美育其实是双向的，都市与乡村之间应该双向赋能、美美与共。与其说是我们带着一些美育手段、艺术语言，去影响和改变参加活动的孩子们，不如说是孩子们给了我们一次机会，来认识他们、发现他们身上的灵气和才华。

参与此番美育活动的孩子们完成了很多非常不错的作品，比我们想象中来得更精彩、更优秀。在整个办展期间，田间地头正在忙碌着的乡亲们也不时过来关心、观察我们的布展工作，给我们提了很多中肯、地道的建议，还参与搭建一些装置。这多少也提醒我们，在以艺术方式介入乡村的过程中，要尽可能多一些尊重、少一些刻意和自以为是。在乡野环境中，艺术家们在创作过程中的那种真诚、投入，可能比什么都重要。

相信只要能够秉承"以美为媒，美美与共"的理念，开端于江海村这番校地合作，能慢慢探索出一条城乡融合发展的新路径。

4.2 奉贤江海村：种植大棚何以"变身"美术馆

记者：黄松
媒体：《澎湃新闻》
时间：2022-03-03

上海的乡村是什么模样？当种植大棚里长出艺术作品会是怎样的景象？初春时节，"摩登田野——2022新海派乡村美育展"在上海奉贤南桥镇江海村种植大棚开幕，展览试图把大都市乡村的日常生活场景，转换成"摩登"的审美场所，并从乡村吸取智慧，以轻介入的方式探索艺术与乡村的双向赋能。

走在水泥铺就的乡间小道上，阳光里浮动着春天的气息，两旁民居白墙上勾绘着丰收吉祥的生活，目之所及屋舍俨然。循着"海马营地"的指示路牌直至深处，一个大棚出现在田野之中，此地便是"摩登田野——2022新海派乡村美育展"的发生地"大棚美术馆"。

"摩登"与"历史"结合，以"归田""归家""归艺""归心"4部分30多件展品展现人与乡村自然、人与乡建环境、人与乡土民艺、人与乡愁情感的关系。"归田"部分的首件作品便是大棚本身。

大棚"成了"艺术作品，艺术走进乡村，"大棚美术馆"并非一个美术馆，而是真正意义上的大棚。平日种植火龙果、藏红花等观赏性作物，农闲时节这座农作生产大棚首次成为美术馆。走入其中，观展体验是特别的："展厅"是透明的，作品"生长"在土地上。在此能清晰地听到风声、雨声、鸟鸣，感受到阳光的移动。

大棚内，体量最大的作品是由荣晓佳、谢悦、王林团队带来的《召唤3》，这是一件定制的动态装置作品。据上海大学上海美术学院数码艺术系教师荣晓佳介绍，这件作品"使用了3组共36根垂直悬吊的竹竿，通过传动转轴上呈30度角分布的12个偏轴结构，获得升降竹竿需要的正弦函数转换，带动竹竿阵列呈波浪形周期起伏运动"。

展览中很多作品采用了低介入、易组装的方式。东华大学的黄更、王沛团队带来的《MIX·竹》，运用重力守恒定律，让轻盈的竹子立于田间，并利用其圆润狭长的造型形成天然的音响。上海大学上海美术学院设计系教师穆杰团队带来的《太湖石》，用新的材料和构造方式表述太湖石皱、漏、瘦、透的审美特征，将传统审美融入当代空间语境。

产自乡村的艺术品除了大型的装置作品，展览还呈现了不少乡村建设的实践案例，包括了崇明乡聚实验田、浙江省三门县横渡美术馆、富安乡村美术馆，以及湖南溆浦北斗溪坪溪、浙江丽水松阳县吴弄村等地的民宿设计等。虽然面向不同，却均传达了建筑改造与村庄风貌呼应、乡土建造策略与当代的生活体验融合等艺术介入乡村、发掘乡村魅力的理念。

一些源自乡村、可以转化为产品的艺术作品也在大棚内展出，如章莉莉的《"百鸟林"非遗公共艺术装置》，其作品还原染坊中布条垂挂的场景，聚集了贵州丹寨蜡染、苗族百鸟衣、四川阿坝羌绣等图案纹样，讲述中国染织绣的非遗技艺之美。赵蕾的作品《搪瓷年代》，回望民众日常的生活符号和工业生产的时代印记，"物"的见证窥见了时代的留痕，勾连了历史线轴的过去、当下与未来生活的可能性。

展览中还有一件由老物件构成的特别作品——《皮箱里的回忆》，其创作者陆燕青是南桥镇大学生村官，她是土生土长的江海村人。她的作品载体"皮箱"是母亲的嫁妆。她的母亲自九十年代从邻村嫁到江海村，为人母后，皮箱装的都是孩子的衣服。"里面的衣服是我小时候的，有奶奶和外婆织的、妈妈绣的、爸爸买的、哥哥姐姐穿过的……这些封存的物品，构成了童年的回忆。"陆燕青说。也正是这份美好的回忆，使她在大学毕业后选择回到故土，投身于家乡的建设。

此外，展览地也从大棚延伸到田野和房车营地。策展团队在江海村以及周边乡村进行调研并以摄影作品《归》呈现。在调研中，团队感受到新农村建设给乡村生活带来的改变，也看到了村中年轻人大多去往城市工作和生活，但年节周末，年轻人回到家乡，带来的新讯息也为乡村注入了新的内容。

此次展览策展人、上海大学上海美术学院设计系教师葛天卿把展览形成过程看作艺术家与设计团队根植在泥土里的劳作，并在田野间进行艺术价值的探索。奉贤区南桥镇党委书记瞿磊表示，希望以美激发人们的向往之情，进而探究其历史、人文价值。

展览原定于农历新年前开放，但因为防疫要求推迟至初春，故仅开放一个月，预计3月底落幕，大棚也将回归其种植的特性。但上海大学上海美术学院在江海村的乡村美育探索并没有结束，目前南桥镇"良渚江海乡村美育联盟"挂牌，大棚美术馆在来年农闲时还将回归，与此同时因为该大棚种植的是观赏性作物，策展团队也在探索艺术作品与观赏性作物在大棚同展的可能性，此外南桥镇"鸭棚会客厅"也正在建设中。未来，将吸引艺术家驻留，并围绕高校课程，定期与村民合作开展乡村艺术实践，辐射上海市其他同属性的海派乡村，建构新海派乡村更加切实精准、联动叠化和持续赋能的美育共享机制。

4.3 田间大棚"种"艺术

记者：杨颖
媒体：《青年报》
时间：2022-03-13

田里有大棚，天经地义，种蔬菜，育秧苗。走进奉贤南桥镇江海村海马营的那一排塑料薄膜大棚，入目的却不是绿油油的植物，而是艺术作品。这就是上海大学上海美术学院、奉贤区文化和旅游局与南桥镇人民政府主办的"摩登田野——2022新海派乡村美育展"的举办现场：乡村大棚。展览分为归田、归家、归艺、归心4个主题展区，以艺术的语言呈现人与乡村自然、人与乡建环境、人与乡土民艺、人与乡愁情感的关系。

灵感 汗滴禾下土

上海大学上海美术学院设计系韩子仲副教授在嘉宾研讨时说："劳动的时候有汗水滴到泥土里，泥土与人的身体产生了最密切的关系，而'身体'的概念也可以延伸到自然万物的状态中，仿佛这片泥土之下，有着我们的种子，像人体设伏在泥土之下，等待生根发芽。"这段话极其生动地描绘了这次展览的出发点。

大棚内并不是精致的展览陈设，大片裸露的泥土，让整个展览空间充满了大自然的原生态感，一件件装置、画布和各种互动体验的作品，直接安置于泥土之中，给人最直观的感受是：接地气。

策展人之一的上海大学上海美术学院设计系教师葛天卿对这次策展过程感慨良多。在前些年的积累之上，策展团队希望能做一个与乡村、与田野结合的展览，希望能找到一个艺术与乡村结合的独特的媒介。有一次他们开车路过南桥镇江海村的田间，看见一片开阔的土地中央矗立着一座农业大棚，独立，非常漂亮，夜幕降临，大棚内亮起灯光，如同水晶宫一般晶莹剔透。他们立刻停了车来到这个大棚，惊叹乡野原生态美丽之余，大棚美术馆的概念应运而生。

经过很多艺术家团队包括专家团队的考量，策展团队又增加这样一个概念：双向赋能。现代艺术根植到乡村，根植到乡村的土地上，又从乡村本土的一些元素当中提取出一些宝贵的文化精粹，实现双向共赢。

这次策展的成功，并不表现在邀请到了多少知名艺术家、创作出了多少传世的艺术作品。人们可以在这座摩登的大棚里看到很多照片，这些照片是创作者的作品，同时也是这些作品创作的过程。年轻的学子走出课堂，在乡间田野，与村民和谐相处，打成一片，发现乡村之美，发掘乡村之美，最终形成有鲜明风格的乡野艺术作品。而真正走进乡村，才是这次展览最重要的目的。

反哺 相与之情厚

让展览显得厚重的，不仅仅是这些作品与农村土地、与农民的密切联系，更是因为，很多设计师、教授和学生来到这片土地上，除了汲取大地的养料创作更加接地气的艺术作品，更为乡村文明的传承和延展、将现代艺术与现代文明嫁接到乡村做了大量创造性的工作。

大棚美术馆的很多展出并不是艺术家的个人作品，而是乡村现代规划、乡村民宿设计、乡村公共设施设计。

大棚美术馆近门处，有两幅巨型画布，上面不是艺术画作，不是摄影作品，而是名为《桥汇南桥，未云何龙》的江海村"美丽乡村"创意设计，这是上海理工大学王勇教授和团队的设计方案，从村镇历史到现状，从历史文化到未来发展，两张画布如果展开，大概这一个大棚也未必能装下。

在上海大学上海美术学院的乡村美育教育实践中，很多学生选择了参与、推动乡村发展的创造性项目。而这，也正是学校发起"新海派乡村复兴"计划的初衷。

上海大学上海美术学院设计系主任程雪松教授也是本次活动的学术主持，他这样评价"摩登田野——2022新海派乡村美育展"："展览源于高校延伸服务边界、开展美育浸润、艺术赋能乡村的创作实践，以'摩登田野'描摹海派乡村，体现其与传统互动、与都市融合、与世界对话的意涵。以开端于江海村的校地合作为抓手，逐步构建具有海派气质、学院品质和乡村韵致的美学品牌，探索城乡融合发展的新路径。"

将艺术展览开设在乡间田野是一种形式，而引导和动员学生与艺术家投身乡村文化发展才是让艺术根植于生活的根本。

入夜，在漫天星光下，上海大学上海美术学院设计系孔翎和团队创作的大棚美术馆灯光秀开始了。晶莹如水晶宫的大棚，灯火闪烁，光影变幻，时而如海纳百川之磅礴，时而如江河入海之激越，时而如幼芽破土之宁馨，时而如万物生长之欢腾。远远望去，这片田野生机勃勃，美丽璀璨。

创作 春来发几枝

走进大棚美术馆，几乎所有的人都会眼前一亮，这是一座与所有美术馆、展览馆体验完全不同的展览场所。阳光透过半透明的薄膜照进大棚，照射在泥土上，让人们期待着泥土下有什么即将萌芽。

参与创作的艺术家和美院学生也没有辜负观众的遐想，一件件作品，以人们想象不到的角度生长出来。江海村的沃土中，我们

看到有竹生长,在机械装置的牵引下,这些竹子仿佛初春雨后,渐次拔节,向上伸展,循环往复,生生不息。这件被命名为《MIX·竹》的作品,由东华大学黄更副教授和团队创作,安置在大棚美术馆,借助泥土和天空,形成了极大的艺术张力,作品、环境的互动,也让这件作品的叙事语言更加厚重。

同样安置在泥土中的作品,是一件叫作《太湖石》的装置。艺术家是上海大学上海美术学院设计系的穆杰团队,他们将平面单元材料镶嵌插接,形成一个个瘦、透、漏、皱的立体,组合到一起,传递了太湖石的神韵。而赤裸裸的泥土,则为"石"作了特别注解。这件作品曾参加中国美术家协会的展览并获奖。

《请坐》则是实物作品与摄影作品的组合,很多是上海市教委"汇创青春"活动的获奖作品。作为学生作业的座椅设计有几分幼稚,但却质朴、灵动,兼具艺术性和功能性,照片则将这些椅子置于农村实景之中,用各种坐姿传达乡村日常,使得原本不太成熟的座椅设计一下生动了起来,与乡野田间形成极融洽的互动。

而更多的摄影作品,有些将农村风光切下独一无二的美丽角度,与都市人的行为互动,展现的意境,挑动着观众的审美神经,让人难以抑制去乡间走一走的欲望。有些则让青年学生和村民打成一片,在中国式农村的质朴中体现出生机勃勃的意象。更有些将艺术家的灵感直接安置于农村地头,形成鲜明对比反差,凸显艺术特色。

虽然只有900平方米的展陈空间,但整个展览丝毫不显单薄,四大主题的展区,每个展区里展出的作品厚积薄发,让"摩登田野——2022新海派乡村美育展"丰满而充实。

4.4 艺术赋能乡村，田野亦能摩登——乡村振兴让艺术开路

记者：木曰雨
媒体：《上海采风》
时间：2022-08-30

在常人眼里，与田野、乡村可以搭配的形容词，大致是绿色盎然、淳朴，或者令人想起田园生活的惬意、蔬果野味的鲜嫩……"摩登"一词好像用来形容魔都上海灯红酒绿的城市生活还差不多，怎么会与花红柳绿的村间田头扯上关系呢？近20年来，随着国家"新农村建设""美丽乡村"以及"乡村振兴"战略的推行，无论是艺术家、建筑师、学者、作家还是乡村工作者，都在不断试图将艺术的能量赋予乡村振兴的实践，创办艺术展览、推进艺术教育、艺术家驻留、改建老房旧屋、创立公共艺术品……来自多学科、多领域的乡村建设者们，以艺术的眼光、开放的态度、兼容并包、通力合作，吸纳社会各方力量，让乡村变得更加美丽、更有魅力。

2022·奉贤江海村：将艺术品种进大棚里

今年年初，"摩登田野——2022新海派乡村美育展"在上海奉贤南桥镇江海村种植大棚开幕，它试图将"灯红酒绿"与"花红柳绿"作"嫁接"，将大都市乡村的日常生活场景，转换成"摩登"的公共艺术审美场所。另一方面，也从乡村的自然气息中汲取精华和智慧，以"轻介入的方式探索艺术与乡村的双向赋能。

"摩登田野"展由上海大学上海美术学院和奉贤区文旅局、南桥镇人民政府联合举办，共展出作品30多件，包括艺术装置、在地创作、设计案例和美育活动4种类型，涵盖了表演、绘画、影像、建筑、产品等多种形式，其中既有高校教师的创作实践，也有著名设计师的精选力作，还有部分青年学子的主题习作，更有艺术家和村民合作的作品。展览分为："归田""归家""归艺""归心"4部分，分别对应人与乡村自然、乡建环境、乡土民艺、乡愁情感的关系。"归田"部分的首件作品便是大棚本身。

"大棚美术馆"既是大棚又是美术馆，既不是大棚又不是美术馆。平日种植火龙果、藏红花等观赏性作物，农闲时节这个大棚首次变身成为美术馆。大棚美术馆的特别之处是显而易见的：放眼"展厅"，四周仿佛没有边界，因为大棚是透明的，展厅里的土地仿佛与展厅外的连成一片，一件件艺术品仿佛根植于此。要是"展厅"足够安静，你还能清晰地感受到风声雨声鸟鸣声，以及阳光、树影的移动。

展览中体量最大的作品是《召唤3》，这是一件定制的动态装置作品。据上海大学上海美术学院数码艺术系教师荣晓佳介绍，这件作品"使用了3组共36根垂直悬吊的竹竿，通过传动转轴上呈30度角分布的12个偏轴

结构，获得升降竹竿需要的正弦函数转换，带动竹竿阵列呈波浪形周期起伏运动"。

东华大学黄更团队带来的《MIX·竹》，运用重力守恒定律，让轻盈的竹子立于田间，并利用其圆润狭长的造型形成天然音响。上海大学上海美术学院设计系教师穆杰团队带来的《太湖石》，用新的材料和构造方式表述太湖石皱、漏、瘦、透的审美特征，将传统审美融入当代空间语境。

除了大型装置作品，展览还呈现了不少乡村建设实践案例，包括崇明乡聚实验田、浙江省三门县横渡美术馆、富安乡村美术馆，以及湖南溆浦北斗溪坪溪、浙江丽水松阳县吴弄村等地的民宿设计……它们都传达了建筑改造与村庄风貌呼应、乡土建造策略和当代的生活体验融合等艺术介入乡村、发掘乡村魅力的理念。

一些源自乡村、可以转化为产品的艺术作品也在大棚内展出，如章莉莉的《百鸟林》，作品还原染坊工艺中布条垂挂的场景，聚集了贵州丹寨蜡染、苗族百鸟衣、四川阿坝羌绣等图案纹样，尽现中国染织绣的非遗技艺之美。

展览中还有一件由老物件构成的特别作品《皮箱里的回忆》，其创作者陆燕青是南桥镇大学生村官，她是土生土长的江海村人，除了外出求学，大部分时间生活在村中。她的作品载体"皮箱"是母亲的嫁妆。她母亲自20世纪90年代从邻村嫁到江海村，为人母后，皮箱装的都是孩子的衣服。也正是这份美好的回忆，使她在大学毕业后选择回到故土，投身于家乡的建设。

此次展览策展人、上海大学上海美术学院设计系教师葛天卿把展览形成过程看作艺术家与设计团队在田间的艺术劳作——探索在田间村头根植艺术的可能。奉贤区南桥镇党委书记瞿磊表示，希望艺术之美能激发人们的向往之情，进而探究其历史人文价值。上海大学上海美术学院设计系主任、展览学术主持程雪松认为，借鉴是互相的："我们来到乡村，看似是以艺术的方式介入乡村建设；其实也是乡村在提示我们。借大棚做美术馆，以自然力做艺术作品，我们希望艺术与乡村双向赋能。"

展览开放时间虽然有限，大棚也终将回归其农业特性，但上海大学上海美术学院在江海村的乡村美育探索还将继续。目前南桥镇"良渚江海乡村美育联盟"挂牌，大棚美术馆在来年农闲时还会回归。此外南桥镇"鸭棚会客厅"也正在建设中。未来，高校延伸服务边界、开展美育浸润、艺术赋能乡村的创作实践，校地合作探索城乡融合发展的新路径，将成为一种常态。

2021·彭州小石村：
灾后重建，用文艺创造同一屋檐

伴随着近年高速增长的城镇化率，城市与乡村间的二元边界正在日益消弭，而"乡村振兴"眼下已经成为具有全社会共识的国家发展策略之一，也成为来自不同领域的学者、文化工作者和民众希望了解与关注的话题。"乡村建设：建筑、文艺与地方营造实验（彭州站）"于2021年在四川省彭州市桂花镇金城社区龙门山·柒村艺术设计中心开展。

小石村曾经有过自己的"黄金年代"，当地因在20世纪60年代建设国有跃进煤矿而变得一度比较富裕。汶川大地震前后，煤矿彻底关闭，灾后重建虽然让村民住进小楼，但产业消失也让小石村一时找不到出路。

从新中国成立前的乡村建设运动，到21世纪以来国家推行的"新农村建设""美丽乡村"，再到"乡村振兴"计划，乡村建设在不同时期显现出不同的面貌与特征。或许从前"乡愁"是时空之愁，而在当下，更多的是指现代化大潮下对乡村所承载的美好品质和美好回忆的眷恋，是时代的乡愁。

在全球化与物质化的潮流汹涌而来的当下，城市产业的效率至上，乡村文脉的破坏和散失，往往为人们带来心理上的失落感。同时，受到疫情影响，社会大环境从全球化转向内循环，也给予了生命个体以时间和契机，从向外寻求发展，转到向内的情感探索。乡村的种种问题，从来不是孤立的，中国的城乡问题是一个整体。对于当代的乡村建设者而言，精神与物质两条思路应当并行不悖，一方面关注乡村的居所环境、生产生计，另一方面，也要关注公共文化与教育风俗。

在"乡村建设：建筑、文艺与地方营造实验（彭州站）"的展览论述中，拥有不同背景和经验的乡村建设先行者，在仅仅十来年间，已经从思考"中国乡村的问题是什么、为什么"的问题，跨越到回应"中国乡村的问题怎么办"的议题，进入了多元化的路径探索阶段。无论是艺术家、建筑师、学者、作家还是乡村工作者，在乡村建设的议题下，都保持着惊人的谦逊和包容，以理性、克制和务实进入到乡村工作。

展览的地点位于新落成的龙门山柒村艺术设计中心，坐落在小石村村口，一幢拥有砖红色墙壁和弧形大屋檐的环状独体建筑，是传统四川乡村民居中的典型元素。展厅的建筑面积约1000平方米，所蕴含的信息量巨大无比。

展览中的案例与简单地将文艺或者建筑活动嫁接到乡村不同，来自多学科、多领域的乡村建设者们持开放的态度，兼容并包、通力合作，吸纳社会各方力量，解决特定乡

村中出现的具体问题。这一过程通常将持续数年时间，通过不断地回访和完善当地的公共文化生态，他们往往和当地建立起更加深层的联系。

以发生在四川本土的乡村建设案例来说，帮助解决"5·12"汶川大地震的遗留问题，成为设计者们所关心的问题。在小石村的案例中，地震致使原有的跃进煤矿坍塌，产业退化，村里失去经济支柱，青壮年选择外出务工，村落日渐萧条。地震后修建的村民安置房多为楼房，忽视了村民堆放农具、晾晒和储存粮食等生产活动的需要，因此，建筑师李烨在设计时重新考虑了建筑空间的规划，改善和提升了社区公共空间的多功能属性，并将村民、村集体、企业三方有机地统一起来，成为"同一屋檐下"的命运共同体，为小石村"造血"。这样有"可持续性"的乡村建设模式也受到了各方的肯定。

在下寺新芽小学的案例中，因校舍在地震中成为危楼，朱竞翔所带领的建筑师团队充分考虑了乡村资源的有限性和劳动者对于空间的需求，设计出了既具备高抗震能力，又舒适环保且造价合宜的建筑，快速投入建设和使用。这也与他认为营造要更多地体恤劳动者的设计理念密不可分。

地震也使得梁井宇开始思考建筑师的实践对于社会的意义，他曾在震后到过四川，并在回到北京后参与翻译了一本防震抗灾的手册，很快被推广开来。这些乡村建设者们身上所展现出的开放、包容和务实，也是中国当代知识分子在大时代背景下所展现的人文关怀的力量。

刘庆元则在乡建工作中将"务实"发挥到了极致。木刻艺术没有被他束之高阁，他谦逊地称自己为"图像的生产和写作者"。他为村民造像，将农作物、农具、劳作场景、日常生活等作为表现乡村的视觉元素。这些图像既可以作为作品在美术馆中展览陈列，也可以出现在城市的街道、公交站、工地围墙，农村的田间地头，融入公共空间，或者作为海报、商标、年历、封页、产品包装等，为乡村服务。

在乡村振兴战略的导向下，空降的乡村艺术节层出不穷，这样的主办方往往没有对当地文化做深入的研究理解，更缺乏实质性的介入，较难产生助推作用。

在乡村做文化活动不易，而将乡村的价值重新输送到城市，则需要有更多的耐心和思路。正是源于这种强烈的自省意识，策展人提示艺术家们保持理性和克制，细心甄别，对乡村工作保持敬畏之心。

不少案例显示，最初的计划确实包含了

知识分子和文化工作者的理想与天真,在与村民的沟通过程中,也确实存在因为不了解农村现实和农民特点而导致的曲折。近几年来,策展人的工作理念逐渐向"关系营造"倾斜,聚焦于乡土社会中人与人关系的重建。相较于早期的理想主义和浪漫主义,他也逐渐明晰了自己在乡村建设中的"可为"与"不可为",且发展出更加适宜的理论体系和工作方法。这套体系和工作方法的框架逻辑,在本次展览中亦有完整的叙述。通过对在地性的挖掘,进行关系、空间、文化、产品4项生产,探索社会设计的价值,扎根地方,实现可持续,创造价值认同。事实上,他的每一个乡村建设项目,从碧山到大南坡,都伴随着对之前乡建工作经验的总结、反思和传递,公众也一定能通过这次展览的细节,感受到他对待乡建工作的近乎严苛的态度。

展陈部分,有这样一句话让人印象深刻,"未来的新农村就是和自然贴得更近的城市"。城镇化进程如火如荼,现代化的乡村在依照着城镇被改造,那么在未来,乡村是否会消失?作家格非认为,在中国古代,城市的价值系统是按照乡村的模型建立起来的,在现代以前,城市与乡村从未形成对立,直到西方意义上的城市在中国出现。实际上,中国的城市依附于乡村而存在,没有乡村也就没有城市。两种观点的观看角度也许不同,但都启发我们,在未来,城市和乡村的边界将不再明晰。我们最希望看到的是这种边界的模糊,是一代又一代乡村建设者为农村和城市创造出平等的空间质量所努力的结果,而不是一方对另一方的吞噬、剥削与胜利。

专家支招:灯红酒绿如何嫁接桃红柳绿

今年五月,上海奉贤区文旅局和上大美院举办了"摩登田野:艺术赋能乡村"线上主题论坛,各路专家学者与艺术家团队一起,探讨关于城市的人文或者人文的城市,如何跟自然的生态、乡村,做有机结合,以及这个命题与美丽乡村或者乡村振兴战略之间的关系。

实践证明乡村愿意接纳当代艺术

著名策展人、艺术评论家王南溟——

既然是农村,怎么是摩登?以前我的回答是"农业现代化"。现在"农业现代化"依然是我们的发展方向,也就意味着摩登跟乡村没有本质矛盾。然后我们需要达成一个共识:艺术家在乡村里面能做什么?比如我们用一个暑假做一次国际艺术节,它会为乡村带来什么?可能没有多少经济效应,只是带来一些人流、人际交往,但是最核心的一点,至今我依然坚持:它首先不是一种旅游效益,

而是一种公共文化教育的效应。

如果你问：乡村能不能有钢琴？一般人的答案一定是乡村跟钢琴没关系。2012年暑假我带女儿做了一次乡村儿童钢琴学习班实验，我女儿每天早上起来练琴，当地小孩子就会安静地坐在旁边听她弹琴。下午是他们的学琴时间，教室里面还是坐着很多小朋友。

我们还举办过一个特别的钢琴演奏会，观众中有老外，有艺术家，有村民，小孩大多能够很安静地听。这意味着什么？乡村不是不接受钢琴，而是没这个条件。其实乡村可以接纳跟原来的乡村文化不同质的文化类型，有时只是碍于条件，一旦条件成熟，其受欢迎程度还是非常好的。

我们在浙江台州的横渡镇建了横渡美术馆，我们的艺术家和美院学生到当地小学教孩子们无人机拍摄、折纸、画鹅卵石等。原本当地人也画鹅卵石，但我们教他们画的时候，植入了抽象艺术，潜移默化地教授了他们色彩的搭配等艺术原理。当代艺术不能自我满足，也不能自己包办一切，而是要设置让观众能够参与进来共同完成的条件，这样的当代艺术作品才完整。

有人提出艺术乡建要用人类学背景支撑，但是通常讲的人类学作为一个学科来说，是"田野调查"的，不是"社会干预"的，而从社会学角度则是强调"社会干预"的。一些坚守"人类学"立场的观点，往往容易混淆这两个学科介入艺术乡建的模式，导致的结果就是总是发出这样的疑问：这还是乡村吗？乡村能摩登吗？乡村需要钢琴吗？乡村需要当代艺术吗？事实上经过我们这十来年的努力，包括乡村小孩，包括老年人，你要跟他讲明道理，他还是愿意了解和接纳当代艺术的。

"儿童友好"是有"趣"的着眼点

同济大学设计创意学院教授、博士生导师周洪涛——

乡村通常人口密度比较低，比城市有更多可以融合的角度，更接近自然。这是一个很有意思的观察点，是乡村艺术振兴应该着力去挖掘的一个方面。

我们在做社区艺术公共艺术植入的时候，感到其实中国人在骨子里有一种实用主义精神，大家可能认为过于看重实际的东西，这恰恰是中国老百姓非常看重的东西，跟他们的生活非常接近。所以我们在做项目的时候，一直在挖掘老百姓想要什么。

我们团队艺术家做的很多装置和当地老百姓、工人的生活相关，一些大的雕塑装置都是小孩甚至大人可以玩的滑梯，很受欢迎。其中一个街角雕塑，是一把世界最长的尺子，可以让社区小朋友测量身高，记录从小到大的成长历程。城市空间艺术季期间，四平社区做了"诗歌单行道"计划，让社区小朋友们和家长创作诗歌，投影在路上，形成了鲜活的文学创作场。

去年我们在奉贤区学校密集的奉浦街道做了一个"百椅展"，为奉贤居民最集中的地方打造"快乐上学路"，通过我们很多师生的合作，使得小朋友们千奇百怪的椅子想法落地，帮助他们梦想成真。这是很开心的一场活动，充满欢声笑语，不仅实现了美育，也满足了家庭和社区的公共座椅需求，我们还在上学必经之路上做了墙绘，跟椅子作结合，形成了沉浸式的街道体验。这些功能性艺术的植入，让小朋友在上下学的时候看到自己的作品，也看到有一些设计师或者艺术家的作品，一路上充满欢声笑语。我们非常希望能够打造一个"儿童友好"的城市节点，尤其在奉贤新城建设的背景下，创造新的城市亮点。

每个人心中都有一亩田

景观设计师、崇明乡聚公社联合创始人俞昌斌——

我的农场叫"崇明乡聚公社"，主题叫"有审美的乡村，有温度的欢聚"。我们在乡村做了一些事。我们搞了100亩农田，其中两亩是试验田，周边大概还有500多亩的优质农田，我们种的是南京46号大米，是适宜上海土地种植的大米。

我是一个城市里长大的小孩，我小时候对乡村特别排斥，2016年第一次到崇明，当时已经41岁了。大概是40岁以后，我慢慢改变了对乡村的看法，而且基本每周都会去乡村，甚至经常住在乡村。我觉得乡村对我来说是一种与城市不同的转换，城市是钢筋混凝土，学习生活压力很大，乡村是可以放松解压的地方。

回归自然以后，我觉得有很多快乐的事。比如我们养一些小兔子，从2只一下变成20只，到处拔草，把周边的兔草拔光了，无奈之下把兔子卖给别人了。养一些鸡，鸡飞狗跳，导致我们满村子跑抓鸡，出了很多洋相，很有意思。

还有我们的"稻田笑脸"项目。小孩的笑脸、老百姓的笑脸，每年搞这个活动的时候，都能感受到人们的快乐特别是小孩和老人们的放松。

我非常希望大家能有在乡村度过一个周末甚至一个月的机会，或者在乡村长期租赁一个房子，这样才能感受到真真正正的乡村生活，而不是体验民宿。民宿其实还是一个可能地处乡村的封闭的围城，你花钱感受到的还是城市的情调、城市的人和服务生，甚至是城市的娱乐。

我觉得如果大家到乡村来，体验"摩登乡村"的概念，就是要到真正的乡村住下来，你可能有一个小房子，花点钱装修一下，有一处农田，过着陶渊明"采菊东篱下，悠然见南山"的生活。

乡村是很多人的乡村，艺术可以改变它的角色

复旦大学文史研究院副研究员段志强——

今天我以一个崇明乡村居住者的身份来谈"期待被艺术赋能"的话题。乡村是很多人的乡村。我们去一个陌生的地方，通过不同的交通方式，看到的面貌是不一样的。从不同位置来看待乡村面貌，可能完全不一样，事实上存在多种层面的乡村。有国家层面的，经济层面的，村民（包括基层干部）层面的，游客（消费者）层面的……大家有没有想到谁看到这个乡村里的艺术装置最激动？可能不是村民，也不是艺术家，而是游客。

本来在城市里的人，他们到这里来玩儿，发现竟然还有这么好的艺术作品，他们是非常开心的，而且所谓"网红打卡"，谁是网红，对谁打卡？就是城市里来打卡的。连带着还有商家的乡村，民宿的乡村，艺术家的乡村，学者的乡村。无论大家是做实践还是做研究，大多是一种外部视角。

还有一个视角我们通常不太注意，那就是自然的乡村，动物和植物的乡村。乡村本身有一套自然秩序，这套自然秩序和人的活动密切相关，但是不能完全用人的活动来涵盖它。有一次我在旁边遛弯，看见一个推土机在推一个地方，这个推土机周围站了好多巨大的鸟，推土机推一下，里面的虫就冒出来了，鸟们就等着吃这些虫，鸟也知道这些人不会伤害它们，他们相处得也挺好的。我们还可以找出不同的层面，还可以有其他人心目当中的乡村。我们在看待乡村的时候，应该意识到乡村层次的多样性和复杂性。

艺术可以改变乡村的角色，改变乡村作为城市的附属、作为城市初级产品的提供者这样的角色，它真正能让大家的社会关系、生活空间乃至心灵和精神，都有一个回归的感觉，这是最终的目标。

如何更好地把艺术放到村民家门口

上海大学上海美术学院博物馆执行馆长、策展人马琳——

近几年在新博物馆学和新美术馆学的影响下，许多策展人进行艺术乡建的策展项目时，开始尝试以参与的视角展开策展与公共教育的实践，并且提供各种方法，让社区居民和村民从观看转变为参与，并且能够深度参与到

所在社区、乡镇的当下和未来的建构中。

2018年开始,我们把艺术乡建的重点放到了上海的农村。当时我们做了一个"边跑边艺"的项目,形成了一个由策展人、艺术家、志愿者组成的开放式小组。我们的理念是希望通过城乡社区和公共文化政策创新相结合,将艺术家的当代艺术流动于城乡之间。

在不断实践的过程中,我也有很多关于"参与式策展"的思考。

第一,在"参与式策展"中,社会动员非常重要。社会动员如何在艺术项目中形成?艺术家与参与者如何互为主体?跨学科的专家如何参与?这些都值得深思。第二,"参与式策展"如何在艺术乡建的过程中变成一个可持续的项目,策展人、村民、公共文化政策、主办方如何认识和协同?它如何能跟所在的村民和社区居民发生关系,从而唤起他们对于这个社区的历史记忆,又如何通过展览反映他们的当下生活和对未来的展望,从而成为一个能够反映全体村民的公共的空间?在这方面,其实有很多乡村美术馆、社区美术馆不太重视,甚至是忽略的,或者说没有能力去做到的。第三,"参与式策展"对策展工作方式的改变并不意味着策展人放弃自己的立场,而是以一个非常有开放性的策展方式,它可以允许公众对其提出质疑和挑战。第四,关于"参与式策展"与社会美育的关系是毋庸置疑的,通过一系列的策展项目,可以很好地把艺术搬到社区居民家门口,让大家近距离就可以看到在美术馆一样的艺术,从而提升自己对于艺术的理解。

用"摩登穿梭"做"海派城乡"IP

"摩登田野"展策展人葛天卿——

我们一直在说乡村振兴,乡村可能需要引进一些能够更让人开眼界的、更融入乡村艺术的资源。同时,乡村要振兴,那么城市呢?城市也需要营养。城市是从乡村发展出来的。那么乡村资源就应该与城市资源形成一个良好的互通关系。

我们做展览不是为了自娱自乐,我们做市集不纯粹是为了某个效应。我想用"摩登穿梭"来描绘一个不间断的、互相影响、互相融合的过程更为贴切。"穿梭"指的是城市人到农村去,不仅是农家乐;或者农村的人到城市来,也不是单纯的打工状态,可能是一个生活方式的共通。从城市回乡,会把城市的生活状态带回去;从乡村回城,会把农村的新鲜风俗带回来。

"摩登田野"是把一股海派乡村风情进行再现。当时踩点的时候,我们觉得大棚是一个非常时髦的地方,简直就是一个大秀场,

完全不用做任何加工,就可以做国际一线品牌的大秀场。我们也把艺术家的资源进行了植入。从农村的产业到城市的创意产业,可以进行互相不间断的运维过程,3个比较接地气的做法是艺术仓库、田间市集和摩登工厂。

接下来是"IP"概念的提出,如果说"穿梭"是一个途径,摩登的穿梭是用时髦的方式,用比较有创意的、设计的方式去执行。最终我们想达到的则是一个"IP×IP"的几何效应,就是地方文化的IP与城市文化的IP共同发酵,形成一个比较大的"海派城乡"的IP概念。有一些可以是与传统、与都市融合的,到最后肯定是达成与世界对话的。

艺术成为社会疗愈的一种方式

上海市文联副主席,上海创意设计工作者协会主席,上海大学上海美术学院副院长、教授金江波——

奉贤作为上海"五大新城"建设中非常重要的重视生态、重视人文、重视环境、重视绿色发展这样一个新城的特殊模式,如何让乡村能够更富有人文的光彩,如何让艺术的创意赋能乡村的建设?我觉得"摩登田野"的实践,正好验证了以绿色生态为主的奉贤乡村业态的塑造,可以怎么样把艺术融入城市繁忙的生活当中,为田野般的生活带来一些创意,带来一些艺术设计的联想。

艺术和设计总是能够为我们原生态的生活带来更多外延的风采,所以在这样的情况下,我们的设计系整合了以美术学院为主的众多年轻骨干力量。

通过这些师生跨媒介、跨领域、丰富多元的手段,在一个种植类的植物大棚当中提出一个大胆构想,让田野当中处处都有美术馆,让田野当中处处都有艺术品。这些丰富的、富有联想的艺术作品,一定会给当地的村民们、当地的百姓们,带来艺术上的一种温度。

这些年轻的师生在进行田野创作研究的时候,很多村民都热衷参与、广泛参与,甚至动手参与。程雪松在策划这个展览时,他跟我说过希望村民也能变成艺术家,让村民也成为创意设计师,这也是美好生活的一种途径。我相信,这些村民们参与到我们大棚美术馆的项目之后,都会感觉到幸福指数和人文温度同时获得感满满。

在这个过程当中,艺术可成为社会疗愈的一种方式,把社会当中的一些问题包括社会发展当中比较难以用行政手段解决的问题,通过我们艺术的绿色的方式、温暖人心的方式,建立起一种共生的方式,来推进乡村基层的治理,带来社会公共文化建设的一种方案,也带动公共文化的营造和平台的搭建。

4.5 其他报道媒体

《上观新闻》、《文汇报》、新闻综合频道、奉贤区博物馆官网、上海大学官网、《美丽南桥》、奉贤区南桥镇融媒体中心等。

媒体报道（达天予/提供）

第五章 论文：艺术设计新场域

5.1 乡村的土壤亦是美育的孵化地

5.2 建筑现象学视野中的乡村环境设计研究 ——以浙江省松阳县的实践为例

5.3 试论艺术介入视角下的"乡村可阅读"——以"摩登田野：2022新海派乡村美育展"为例

5.4 介入、融合与传播：光艺术赋能乡村建设 ——以《乡遇·摩登》为例

5.5 环境装饰与陈设课程背景下的创作实践——以生长的石头《太湖石·构建》系列创作为例

5.6 新海派乡村民宿设计思考

5.7 从艺术乡建到筑梦之旅：以"摩登田野"为例

5.8 文旅融合视角下的乡镇商业环境更新

5.1 乡村的土壤亦是美育的孵化地

[摘要] 为落实习近平总书记在中国共产党第十九次全国代表大会中指出的"民族要复兴,乡村必振兴"总方针,在乡村建设、乡村振兴的进程中,乡村美育便成为一项十分重要、且具突破性的工作。借助于高校平台充分发挥学校专业及高水平人才队伍的优势,以美育教育改革促进高校自我提升同时积极开展乡村美育和乡村文化振兴。本文从社会主义新时代美育的新内涵、新要求、新赋能3个维度立体交叉式的进行论述。将美育重新定位,从人的纵深发展理论出发,构建与拓展美育的新功能,以建设、服务、实操的方式,去感悟、实践、诠释美的真谛。

[关键词] 高校美育 乡村美育 美育孵化基地

党的十九届五中全会中首次提出"实施乡村建设行动"。中共中央、国务院印发《乡村振兴战略规划(2018—2022年)》,提出要发展乡村特色文化产业。这既是对各地区乡村发出的信号,也是对高校"培养社会主义建设者和接班人"提出的方向和要求。高校在政策的指引和自身平台优势下,积极开展教学改革,将美育的改革和学生实践、校企联合有效结合。充分践行学校学科建设、方针政策指导研究、优化人才队伍培养等行之有效的措施,积极开展、参与乡村美育,以美育促进乡村建设和振兴传统及本土文化。本文从下面3个方面进行讨论。

一、社会主义新时代美育的新内涵

党的十八大以来,习近平总书记围绕"培养社会主义建设者和接班人"作出一系列重要论述。教育的思想主线,必然成为我们探讨新时代高校美育教育、改革以及专业人才培养的理论依据与实践指南,同时也是对高校美育具体工作提出了新目标与新要求。

(一)美育功能诠释 创新定义解读

我国在3000多年前的周朝就确立了"六艺"等全面发展的教育模式。"礼"相当于今天的德育,"乐"则相当于当下的美育;"射"是一种军事教育,"御"实际是兼军事和职业技术教育;而"数"和"书"才是基础文化教育。"六艺"既考量了人的全面发展,同时也具有为政治服务的功能。我国近代著名的教育学家蔡元培先生也曾提出"美育者,与智育相辅而行,以图德育之完成者也"的观念,即美是辅智而图德。新中国成立后,我国高校始终贯彻五育并举,全面发展,以德育为首的方针。全面发展是一种宗旨性、目标性、功能性的教育理念与思维方法，实施策略为确立目标、开发课程、构建载体、打造基地等，同时也注重各个学科间的相互融合与渗透，而美育常以艺术教育的形态展示在世人面前。

在信息尚不对称的时代，教育崇尚"传道、授业、解惑"的模式，全面发展也曾为时代进步和科学发展做出了卓越的、不朽的贡献。当前美育虽然不是一种直接性、系统性的知识教育，却是一种人文素养与综合能力培养，特别是对于美的认识、感知、表现、创造等能力的培养，以及审美意识的确立。到了信息化时代，信息的传播以网络化的形态为主导，知识却日趋雪片化、碎片化般地袭来，概念或知识点大多被固化、封装化，知识结构也往往被抽去逻辑结构而呈现出扁平化；所以认知迭代和教育改革都势在必行，教育理念与目标也必须随着时代的发展而不断拓展与提升，美育教育也得赋予新的内涵。

（二）美育时代使命 校村城乡融合

教育必然要为新的时代要求和人的终身发展服务，并与之相适应。教育除了培养人的全面发展外，实际还要有利于人的纵深发展，即沿着知识传授、能力开发、情感塑造、思维构建的新路径推演。美育除了继续发挥所包含的传统功能外，在如何发挥美育功能培育社会主义新时代的一代新人上要有新的突破，如思维技术化与信息加工技术的突破、自我诊断与自我认知能力的提升、健康情感的理解与塑造、理性思维的剖析与构建等。教育目标一旦被理解与确定后，便是实施课程开发与构建操作性载体。

高校可以将乡村及乡土文化作为美育教育实施的载体与平台，借助乡村文化和社会主义新农村建设的推力，打造美育的孵化基地。建设基地的同时要落实好国家战略目标和政策导向，把乡村振兴战略这篇文章做大、做强，所以必须走好校村、城乡融合发展之路。高校美育教育理应包涵更多的社会实践与产教结合的培养机制，让高端人才实实在在地落地到乡镇广阔天地和农村大众生活之中，把所学的理论知识通过实践的洗礼，将最富于精华、开拓进取的那些部分再次提升、凝练，进而实操、落地，为建设具有中国社会主义新时代特色的高校以及培养目标的落实而添砖加瓦。2022年上海市学校艺术教育发展评估中心参与由上海大学上海美术学院、奉贤区文化和旅游局、奉贤区南桥镇人民政府等单位主办的"摩登田野——2022新海派乡村美育展"活动，从中深刻感受到"美育是双向的，都市与乡村之间应该双向赋能、以美为媒，美美与共"的"新"使命、"新"要求、"新"体验。

二、社会主义新时代美育的新要求

《关于全面加强和改进新时代学校美育工作的意见》中明确提出，要"建立美育基础薄弱学校帮扶机制"。一个机制是否优劣除去看其特色外更重要的是看它的有效性如何，尤其是对底线和短板的评估。如果能有效对症缓解和不断改善薄弱环节，将是对整个机制的有效性和可持续性的有力证明。同时对短板与底线的补足不是片面和机械的，同样也可以探索出有亮点的有效途径。传承中华优秀传统文化是实施乡村振兴战略的有效途径之一，它正好完美契合了帮扶机制。

（一）美育发展机制 孵化培育基地

在推进传承中华优秀传统文化的乡村振兴建设战略进程中，不仅要在经济发展上找到促进乡村经济发展的产业机制，同时在教育上高校可以将美育和产教一体融于农村地区的教育工作，这样既可以提升在校生的个人实践能力，又能带动所在地区人们的情感健康与思想解放，从而真正改变封闭落后的思想观念。找到促进乡村经济发展的原生力与内在动力，彻底阻断贫困的代际传递，培养知、能、情、思纵深发展的综合人才。因地制宜地精准找到两边、双维的契合点和可实施、可延续发展的平台，例如可将视角落在乡村、农田、传统习俗以及在乡村到处可见的大棚上。这从侧面验证了教育五重境界之最高境界"美美之教、美美与共"，同时也可成为美育孵化器的重要培养基地。

随着城市化的演进，城市和乡野的面貌都发生了巨大变化，城乡之间也在找寻着更好的对话方式与协同发展之道。上海农村面积大概在300000-400000公顷（3000-4000平方千米），显然它的作用已不完全是用于粮食和副食品的供应，而是具有了多重的行政和城市化形态与职能，在形成的过程中不能因其实际功能的转化，而遗忘了农村生态环境，以及原本的人文和习俗。现代化的城市其实更需要有人文关怀和"炊烟袅袅、鸡犬相闻"的乡土情怀。钢筋水泥所形成的现代"森林"和高速的社会节奏，特别容易磨灭自然与人文景观以及人的归属感。寻找、追忆更为原生态的、或是儿时味道的东西，使乡土气息的人文和中华文明的根系等，再度进入人们的视野中，从而形成美育教育的突破口，并以此来形成经验和案例，打造体系与模式，不断拓展延伸，这是社会主义新时代美育的新要求。

（二）教育深度剖析 美的哲学意义

美育，是关于美的教育。它所研究的范畴主要有：关于美的哲学原理及客观规律，如美的本质等；美的主观性，如审美意识、情感、心理等及其形成。美的教育，传统模式主要是指艺术教育，现代理念则是情感的塑造与认知迭代等。美育具有它的哲学意义，是重在审美意识与价值观念的形成；美育同时也重视它的培养模式，例如往往使用艺术教育的手段与操作载体；美育的价值则更在于塑造情感和提升思维能力，以促进人的纵深发展。

现代心理学和脑神经科学、人工智能与深度学习技术以及以谓词逻辑与分析哲学等为代表性的技术化发展，使我们更加明确意识决定行为、情感在左右着人的思维；认知模式或思维方式一旦形成，则难以迭代或更改，而知识的积累则渐渐淡去了它应有的作用。人进入成年或认知模式形成后，只有通过美育，改变情感归因方法，才能更有利于人的继续健康成长。人在生活实践中都能体会、感悟、验证到美的存在形态以及情绪转换，美育则能提高个体对于生命价值的理解、情感归因的诠释、思维模式的解读，上述这些才是社会主义新时代美育的新要求。

（三）提升教育理念 完备美育功能

美育是让人融入社会精神文明中不可缺失的部分，个体可以通过对于美的参与和体验、感悟与熏陶，从而实现净化心灵、提升格局。奥地利著名的灵智学家鲁道夫·斯坦纳 (Rudolf Steiner) 认为只会单一教教材的老师是缺乏情感的，教师应该灵活使用教材传授知识，让学生感受到美的无处不在。美育的理念首先是让教师懂得并善于运用自然语言的韵律、诗意等艺术般的表达形态；熟练驾驭具有逻辑、哲理等的科学思辨方法；巧妙利用各种载体，能操控教学技术与交互平台；且在充满着激情与爱意中进行教学。

美育实际上是要求教师从以学生为中心，提升到以人的情感塑造与思维构建为中心，且不断探究时代赋予教育观念的新变化。所以美育的功能也从艺术教育，提升到审美教育，直至"知识、能力、情感、思维"的纵深教育。乡村美育教育更需要一个从改革与探索、建设与实践到开拓与进取、自我教育与全面育人的全过程，以形成一个育人功能全覆盖的人文生态环境。只有形成了好的育人环境，才能为教育与实践提供更加自然、细微、多元化的育人要素与氛围，让师生在这种生态环境中感受到人文精神带来的纯粹、坦诚和真挚，让参与者拥有更多阳光开放与积极进取的人生态度。

三、社会主义新时代美育的新赋能

对于提升美育教育质量和实施乡村振兴战略而言，高校美育课程的开发与建设无疑

是十分必要且重要的，但实施的途径和开发的路径却同样值得研究。积极开发与建设，并不断更迭高校美育课程及实施办法，既将美育思想贯穿且融于学校教育，同时将美育实践落实在乡村的土地和实践平台上，这也将成为教育改革和教学实践的重大突破。美育的社会化、生态化还将为国家发展、提升全民族的素质教育注入活力。在乡村振兴战略需求下，地方高校美育课程开发的具体路径如下。

（一）突破传统思维 拓展课程视野

美育是一种多元化又能与多种学科相互融合渗透，且能进行共建的课程体系。改革与推进的关键在于突破传统思维，首先是教师要理解美育的重要性、建设性、实践性、操作性等；具体实施可以充分调动学生自主学习的积极性，将美育的多元化与可能性"放权"给学生，让他们都能自主尝试如何去发现美和实践美，极大丰富与拓展教育的视野。艺术教育是美育的有效载体，要扩大艺术教育的功能和作用，要重视高校艺术教育的理论性与逻辑性等，从技术性、欣赏性提升到哲理性与思辨性。

在高等学校打造与开设美育的理论课程，目标是提升自我认知与情感塑造，内容则是立足于人的自我诊断与精神需要。课程要强化与设计好教师导向与学生实践的相关环节，除了要讲解好必要的美育理论知识外，还要在大多数的实践活动中，根据不同学生的情感特征与学习兴趣，引导学生懂得体验美感，特别是各种教学载体中所蕴含的细腻情感，激发学生对高尚人格的追求。将美育融入与渗透到多学科的教育之中，例如逻辑美、数学美、语言美、运动美等，让学生在不同的生态环境与知识维度中应用美学知识，并体会到美的真谛。

（二）构建育人载体 形成生态环境

美育是一种渗透性的教育，要充分利用多媒体、新媒体等技术手段，丰富美育课堂、人文环境、实施载体、操作平台等。新媒体的发展极大地促进了地方高校美育课程的开发，也有效地推动了美育的进步，拓展了学生对于美的体验的广度和深度。新媒体平台可以打通美育闭环，从时间、空间、地点上全方位"开挂"，运用新媒体手段为学生实践与学习美育知识提供便利，改变与增强学生对于美的追求意识，不仅仅只是在课堂与课本上。要强化美育的实效性与实践性，参与和提升乡村美育是学生实践的重要教学现场与技术手段，为此，要给予乡村美育足够重视。

高校美育应该能够辐射影响到整个社会审美能力的提升和人文生态环境的建设，同样学校艺术类与非艺术类教师都应主动服务于社会，或潜移默化去影响与改变社会的文化艺术环境，引领社会树立正确的审美观念和健康的审美情趣。美育是蕴含在所有事物当中的，艺术类教师或学科只是其"表现"与载体，更容易被人们认出与认同，而不是说非艺术类教师和学科就没有美育的影子。在不同的事物、学科中让人们感受到美和美的感染力是每个教师和受过高等教育的学子们应当主动"反哺"的过程。劳作之美、正义之美、恬静之美等都是生活与教学的"丰硕果实"，当它成熟之时也应再次播种以待新苗生长，从而生生不息，这也就显示了美育教育所能发挥的作用。

（三）融合民间要素 挖掘教育资源

发掘农村的传统文化所形成的当代效益以及产教结合的课程设置，还可以形成商业模型或推广的传播效应。美育初心是发现美的无处不在，实现人与自然的和谐相处，从乡村振兴到大棚农业的具体实施都离不开绿水青山、离不开人与自然和谐共生。运用人文与艺术设计，将大棚、废弃的房舍进行空间修改、装饰和改造成具有当地特色的精品民宿、农家乐等，不仅能有效地保护当地生态环境，还能在百姓富足与生态美化的统一中得到有效的平衡；艺术感知力和创造力在这样的平衡中能更好地被发掘和运用，当地人们的审美意识也势必不断提高。

中国传统文化的根基在乡村，如何挖掘和传承好前辈的智慧，并有效地提炼与推广是当下高校美育的新课题。最朴实的美往往不易被人们发现，美育的真谛在于对真与善的坦诚和实践，随之而来的由内而外的美自然就形成了。通过乡村、传统文化、大棚等平台，有效将产、教、学有机结合。在深化教育改革的同时深化美育与课程思政的融合，推进实践育人落地机制，服务乡村建设的项目才能成为有效载体。以文化志愿者服务为手段，以乡村美育建设为载体，在乡村美育培训、乡镇村落规划、乡村标识设计、村规民约打造、村史包装宣传、农舍环境提升、乡镇网站建设、宣传图册装潢、农副产品包装等方面将大有可为。学生只有真正将业务转化为创造力、知识转化为生产力，才能从乡村建设中再次受到二次教育与美育感悟。

四、结语

"民族要复兴，乡村必振兴"。在培养人的问题上，高校必须定位要准、站位要高、视野要广、胸怀要宽，以立德树人为根本，既为学校各科事业发展培养人才，同时也为社会审美教育培养人，还为学生美好人生的实现塑造人，这3个方面是互为前提和相辅相成的。乡村美育是社会主义新时代美育赋能的载体之一，不但可以促进经济发展、活跃文化氛围，还可以提升村民文化综合素养和精神境界。同时乡村传统文化的传承与美育的结合，能更好地树立乡村文明新风，促进和谐乡村建设的覆盖范围。因此乡村的土壤亦是美育的孵化地、高校美育教育的新阵地。

参考文献：

[1] 文海红.“美教下基层”解乡村美术教学困境[J].当代广西，2015(2).

[2] 陈晓娟.“乡村美育”研究综述与趋势展望[C].第二届中国乡村文化振兴高层论坛论文集，2020:13—22.

[3] 梁漱溟.乡村建设理论[M].上海：上海人民出版社，2011:49.

[4] 钱理群，刘铁芳.乡土中国与乡村教育[M].福州：福建教育出版社，2008:173.

[5] 郭昭第.乡村美学：基于陇东南乡俗的人类学调查及美学阐释[M].北京：人民出版社，2018:274.

[6] 金淑梅.用坚守织就乡村艺术教育的"中国梦"[J].中国新农村月刊，2017(11).

[7] 王文利.活化祠堂文化助力乡村振兴：关于创新发展祠堂文化的思考与建议[J].神州民俗，2019(3).

[8] 鲁思·列维塔斯.乌托邦之概念[M].李广益，范轶伦，译.北京：中国政法大学出版社，2018:352.

[9] 姚艳玲.艺术介入乡村公共空间的经济表现：以甘肃石节子村美术馆为例[J].吉首大学学报(社会科学版)，2019(A1).

[10] 中共中央国务院.关于实施乡村振兴战略的意见[N].人民日报，2018-02-05(01).

[11] 中共中央国务院.乡村振兴战略规划(2018-2022年)[N].人民日报，2018-09-27(09).

[12] 习近平.决胜全面建成小康社会夺取新时代中国特色社会主义伟大胜利[N].人民日报，2017-10-28(01).

[13] 弗里德里希·席勒.审美教育书简[M].冯至，范大灿，译.上海：上海人民出版社，2003:288.

[14] 郭勇.蔡元培美育思想研究[M].武汉：华中师范大学出版社，2011:193.

[15] 罗炜.审美快乐：当下乡村学校美育的价值追求[J].新课程评论，2018(6).

作者单位：

倪　燕　上海立信会计金融学院，上海市学校艺术教育发展评估中心
孙中炜　上海市学校艺术教育发展评估中心，IPEA国际打击乐教育协会
薛祎晨　上海市学校艺术教育发展评估中心

5.2 建筑现象学视野中的乡村环境设计研究
——以浙江省松阳县的实践为例

[摘要] 随着全面脱贫的基本实现，我国的乡村振兴已经迈入了新阶段。改善环境、更新产业、推进治理、传承文化等都是今天乡村振兴工作无法回避却又难以各个击破的问题，艺术设计必须与乡村的环境系统建立有效的连接和持续的互动方能牵引这些问题整体解决。建筑现象学为此提供了一个整体化的视角。本文通过对浙江省松阳县相关环境设计案例以及笔者亲身参与的乡村实践展开思考，具体从认同感、方向感和归属感3方面重新理解设计如何兼顾自然环境的观照、人造环境的营建和社会环境的培育，从而整体化、深层次地改善环境品质，化解文明危机，并进而探索一条既立足现实又符合我国历史和文化脉络的现代乡村发展之路。

[关键词] 建筑现象学 乡村环境 更新设计 松阳

一、引言：认识乡村环境

党的十九大报告把"乡村振兴"作为国家战略提出以来，具有当代意识的设计师、艺术家、学者纷纷投身乡村建设，一系列问题随之而来：到底如何正确认识乡村？乡村是都市的边缘，还是郊野的中心？是发展主义视野中的问题，还是国际主义号角下的实验？为谁设计乡村？知识分子能否真正带着社会批判、文化自觉、生命体验与社会建构能力介入一个被技术思维和功利思想挤压的环境系统中，修复失序的关系——人与环境、人与生产生活、人与人、城与乡，并有所发现和建构？设计师们是要帮助乡村完成蜕变，还是要实现自我救赎？

回答以上问题要深入理解乡村环境的整体性。乡村环境系统在长期稳定的发展中有其自身的完备性和适应性，它与乡村社会的生产、生活、治理、文化相耦合，是一个自足的空间体系和生命世界，乡村"能够从内而外将人和社区与其生活的自然环境紧密地联系在一起，成为持续的、活态的，且社会文化融合度极高的乡村景观。"[1] 因此，乡村环境系统并非被改造的简单客体，而是自然环境、人为环境和社会环境三者相结合的有意义的整体。过去的乡村设计者习惯于针对人为环境进行项目式干预，忽视自然环境的观照，无视社会环境的化育，造成了"硬环境"和"软文化"之间的割裂，破坏了环境系统的整体性。

不能正确认识乡村环境整体性的原因，很大程度上源于设计者对乡村环境的理解简单化、片面化，往往只考虑看得见的"硬环境"，不关心看不见的"软文化"，造成人为环境比例失衡，语言乏味，氛围缺失。长

于实践的设计者多从2个维度认知环境：经典的空间理论视实践环境为客体事实，侧重于分析空间的形式与结构；帕拉斯玛（Juhani Pallasmaa）等提出的知觉现象学理论视实践环境为主体知觉，侧重于关注人对空间的情绪和体验。新发展理念下的环境设计呼唤"烟火气"和"有温度"，实质上是困顿于空间形式和生活内容的分裂，需要今天的设计者找到将两者和谐归一的有效方法。

另一个原因是对乡村设计服务的对象认识不足，造成乡村社会环境建构失序。过去较多从资本、游客乃至官僚、技术精英等非在地要素的角度出发进行设计，乡村环境更新被城市"他者"所定义。实际上乡村设计的服务对象是原住民和认同乡村的新农人，他们才是乡村社会的主体，而非游客、看客、过客，不能把乡村做成"以风花雪月为主要内容的涂涂画画，也不是将活着的乡村制成僵尸博物馆，以供人旅游、观瞻和凭吊的对象，更不是为满足小资群体的归隐之欲而建的逃逸之所"[2]，带来环境语法的混乱。

还有一个原因是设计者主体意志过分强烈，从而造成自然环境的失色和历史人文价值的失语。设计者是把自我判断强加于乡村，还是在对象主体和环境主体之间找到适切的方位谨慎介入，获得某种"多元主体性"或者"主体间性"？这是今天的乡村设计者必须深入思考的问题。设计者"我"本身也是环境的一部分，更应作为系统中的一个能动性节点嵌入[3]，参与整个体系的动态平衡构建。

因此，乡村设计者需要从自然环境、人为环境和社会环境的综合视角来看待乡村环境更新问题，统筹兼顾服务对象、环境主体和设计者意志等的存在与表达，构建看得见的与看不见的和谐[4]。面对环境危机，建筑现象学在诠释环境和文化的整体性方面做出了重要贡献，建筑现象学代表人物——挪威建筑历史和理论学家诺伯格-舒尔茨（Norberg-Schulz）以"场所"为媒介把现实世界和生活世界联系起来，这一理论工具帮助我们思考设计师介入乡村的新模式。本文试围绕这一问题开展讨论。

二、"场所"理论
（一）"场所"理论的概念体系

诺伯格-舒尔茨借用古希腊的"场所（topos）"概念，在《西方建筑的意义》和《存在·空间·建筑》等著作中发展了建筑现象学的理论架构和方法。他从莫里斯·梅洛-庞蒂（Maurice Merleau-Ponty）的"身体现象学"、马丁·海德格尔（Martin Heidegger）

的"存在—解释现象学"和让·皮亚杰（Jean Piaget）的"发生认识论"等思想中汲取营养，建构了"存在空间"理论，把主体的知觉空间和客体的物理空间关联。"所谓'存在空间'就是比较稳定的知觉图示体系，亦即环境的形象。"[5] 存在空间的基本图示由3种空间关系形塑：中心和场所、方向和路径、区域和领域。"场所、路径、领域作为存在空间的基本要素，它们之间相互作用的组合方式，构成了人类生存定位的基本图式，也构成了生活意义的发生机制。"[6] "场所"作为人工与自然相融的有意义的整体环境，让个体行走其间，能觉得认同、方向和归属，安顿内心。由此"场所精神（The spirit of place）"成为建筑现象学的核心范畴之一（图1）。

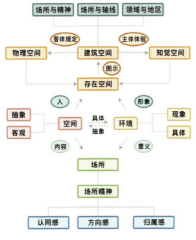

图1 环境、空间、场所等概念之间的关系（笔者自绘）

在《场所精神——迈向建筑现象学》一书中，诺伯格-舒尔茨详细分析了如何将"场地（site）"转化为"场所（place）"。他指出要让居住在此的人对空间产生"归属感"，才能赋予一个空间一种"环境的特性"，即使得该空间拥有一种特性或"气氛"。场所的产生有赖于3个核心概念：认同感（identification）、方向感（orientation）和归属感（belongingness）（表1）。

表1 存在空间相关概念（笔者自制）

	概念	图式	表征	体验	描述
存在空间	中心及场所	节点	亲近度/邻近性	认同感	（物）个人对环境依附 人与场所最直接的联系
	方向及路径	轴线	联系度/延续性	方向感	（身体）认知空间 多感官体验
	区域及领域	地区	闭合度/封闭性	归属感	（气氛）环境特征 有意义的气氛

认同感往往源于孩提时代对周围环境中具体事物的经验，这种"由物决定"的经验建构了人与环境的关系，也培养了人未来理解世界的"知觉基型（perceptual schema）"，进而发展为身份认同。比如乡村中虽然存在着设计者、原住民、新农人等不同身份，但是他们共享对乡村自然的文化认同。乡村的困境在于：原住民往往缺少对

乡土文化的自觉，但乡土认同早已扎根于无意识的知觉中。

方向感的功能在于使人成为人间过客（homo vitor），作为自然中的一部分，现代人以流浪和征服为己任，却常常在都市丛林中迷失自己。方向感可以理解为人在场所中对空间认知的一种能力，知晓自己从何而来，身处何境，将去向何方。它并非单一视觉感受，而是多重感观的体验，身体图像在生命的最初基本上是依靠触觉和方位的认知得到的。[7] 方向感缺失大多是由环境同质化发展导致的。

归属感"是外界环境作用于人而产生的一种内部主观意识，这种作用结果又进一步影响着人在环境中的行为"[8]，它是认同感和方向感共同发展的结果，二者缺一就会妨碍归属感实现。作为一种主观心理需求，归属感可以理解为一种基于人、事、物的整体性氛围（atmosphere）体验，它建构了空间的境域化（horizon）。

综上，"认同感"指涉意象、身份，"方向感"指涉身体、行为，"归属感"指涉氛围、心理，共同构成"场所"的基本属性。三者在整体关系中具有各自的独立性，在主体知觉和客体事实之间架设起关联感知与实践的桥梁。

（二）场所精神与乡村振兴

诺伯格－舒尔茨的建筑现象学观念形成于20世纪60、70年代，当时欧洲城市经历了战后的快速建设，城市化率进入高位。随着人口涌向城市的速度和城市扩张的速率减缓，一些知识分子意识到对空间"科学性"的量化认识难以解决环境的内在品质问题，于是转而进行定性的、现象的思考。半个世纪之后我国处于相似的困境，经由成熟的建造技巧，大城市的高度、跨度和深度等外在指标在不断刷新，却难掩内在环境品质的匮乏单调。而乡村环境作为中国物质文化遗产中最朴实、最率直、最富有人情味的一部分，未经规模化建设的洗礼，仍保留了各具特色的质和气氛，呈现出丰富的场所感。乡土营造有别于城市，不是经济和政治博弈的产物，它紧密地与乡村社会的宗教信仰、文化取向、宇宙观念和艺术旨趣相关联，直面人的"存在"本质。

乡村振兴本质是"人"的振兴。中央文件一再要求乡村振兴需"坚持群众主体、激发内生动力。坚持扶志扶智相结合"[9]。群众主体既有原住民，也有投身乡村的新农人；内生动力，既有志气和信心，也有智慧和创意。原住民对乡村整体化的环境和生活方式应有所知觉，对乡村价值有所体认；新农人在乡村通过沉浸式地体验生活世界的根基，来反思工业社会的异化。艺术评论家王南溟说："作为行动者的村民，需要在艺术家的启发下、在活动参与中了解自己，明确未来的方向；作为行动者的艺术家，也需要真正成为整体文化中的一员和村民站在一起，反思自己的价值与方法的意义。"[10] 环境危机本质上源于人的危机，唯有重新构建"认同感""方向感"和"归属感"，才能巩固"人的存在"、抵抗"物的压迫"。如海德格尔所言"人生的本质是诗意的"[11]，我们希望通过乡村"场所"重建找到本质和"诗意"。

三、"场所"视角下的松阳实践

在松阳县政府"文化引领、乡村振兴"的政策下，许多知名设计师躬身入局，在松阳参与设计实践。其设计作品致力于挖掘"认同感""方向感"和"归属感"，再现地方环境中的"场所精神"，修复农耕传统和时代症候之间的裂痕，助力乡村振兴。

（一）松阳模式

乡村建设需要多方参与，有"自上而下""自下而上"和第三方力量参与的不同发展模式[12]。松阳通过政策牵引，村民响应，资本、设计下乡等多方协同，形成"乡建共同体"[13]的新模式。设计师与村民、村干部、新农人构建协同关系，在满足使用需求、完成功能更新以外，挖掘"场所"内涵，推动人与物、人与人、人与环境之间形成共同体。

（二）环境更新中的场所精神

1. "认同感"与自然环境

自然的馈赠增进了认同感。松阳是茶叶之乡，大木山竹亭依托休闲茶园起伏的地形搭建了一系列不同坡度的亭子和平台，与远处山峦相呼应，围合出一个个公共空间，提供村民们劳作休憩和玩耍嬉戏的空间；大木山茶室以构筑物的方式强化了人与场地的关系，以茶为媒增加了人与空间的"亲近度"。徐甜甜设计的竹亭与茶室为这里带来人气，提升了茶叶的销量，修复了人与自然环境的关系（图2）。设计师还在当地设计了红糖工坊、蔡宅豆腐工坊和横樟油茶工坊等作品，这些农业产品浓缩并诠释了自然，强化了对于人作为自然整体一部分的事实的体认，原住民从中获得了身份认同、文化认同和价值认同。

2. "方向感"与人为环境

匠心和技艺是人感知环境并躬身实践的语言，"地方材料和营建技艺是乡村地域特征最直接的反映"[14]。"千村一面"的实质是被"现代性"抹平特征和差异，空间失去方向感。松阳建筑因地制宜、就地取材，地基采用耐潮通风的石材，屋顶则使用防雨保温的瓦片，木材被用于建筑承重结构以及装饰构件,夯土墙环保、经济且会呼吸,让室内冬暖夏凉。2016年松阳启动"拯救老屋行动"并推出一系列的传统村落修缮规定。比如"云上平田"就大面积运用当地建材,融合传统营造工艺与现代技术,强化了人为环境的方向感(图3)。

"方向感"的建立还有赖于调动感官上的多重体验。石仓县的契约博物馆选用地方石材围合空间,控制光线进入,削弱视觉的感受。在室内地面开出一条折线型的水槽,雨水伴随一缕天光滴落水槽里,听觉、触觉等激活了人与空间的"联系度",多感官体验使场所的"方向感"更加清晰。这种基于身体主义的在场感,建筑师称之为"建筑针灸",认为它"将功能多样的公共空间编织进不同的村落和乡村地区,重塑乡村标识,缓解乡村症状,通过文化和经济循环带动乡村的观念转变以及自我康养"[15]。

3. "归属感"与社会环境

归属按对象可分为"自我归属、地域归属、群体归属和观念归属"[16]。人们通过认同感获取自我或者群体的归属,通过方向感建立对地域的归属,唯有观念的归属是建立在两者之上,回归到集体和社会的无意识之中。

祠堂是松阳人的精神寄托之地、家族信仰所在。王景纪念堂通过17个石雕展现了《永乐大典》总编撰王景的一生,再现了礼序家规的教化作用,还原了原住民祭祀礼仪、传记教育、参政议事的记忆场景。伦理文化的视觉呈现完善了空间的叙事,通过"看得见的和看不见的"社会秩序赋予环境特性,成为有"闭合度"的社会环境。另外还有张雷设计的平民书局(图4),将老屋改造为一间书房,抬高的屋顶与天窗加强了公共性,木结构分隔出阅读、冥想和交流空间,为耕读者营造归属感。

如上,以设计师为代表的创意人士介入"乡建共同体",通过多元力量互动,修复人与环境的裂痕,启发村民主体意识觉醒。尽管目前在城乡发展失衡状况下还存在政府绩效导向、资本急功近利、村民话语弱势等

图2 大木山竹亭、茶室(笔者自摄)　　图3 云上平田·慢生活体验区(笔者自摄)

种种问题，但是从松阳实践来看，设计师更多着眼于自然环境的观照、人为环境的营造和社会环境的培育，从而为"场所"重建打开了局面。但也不应忽视，仍有不少设计师刻意于硬环境的建设，对整体环境系统——包括视觉符号、装饰陈设、环境设施、场景气氛、仪式活动，甚至轶事趣闻等软环境——缺乏关注；为政绩和资本代言，缺少对原住民生活的体认；以缙绅化的现代性审美戕害乡土文化自觉。由此造成乡村环境"丰度"欠缺，场所"灵氛"不足（表2），这些问题我们应予以警惕和避免。

图4 平民书局内部空间（笔者自摄）

表2 松阳设计案例汇总（笔者自制）

分类	建筑	位置	建成时间/年	设计机构（设计师）
人为环境的营造	木香草堂（云上平田）	四都乡平田村	2015	清华大学（许懋彦）
	爷爷家的青年旅社（云上平田）	四都乡平田村	2015	中央美术学院（何崴）
	山家清供餐厅（云上平田）	四都乡平田村	2015	香港大学（王维仁）
	平田农耕馆（云上平田）	四都乡平田村	2015	DnA建筑事务所（徐甜甜）
	大木山茶室（竹亭）	大木山茶园景区内	2015	DnA建筑事务所（徐甜甜）
	红糖工坊	樟溪乡兴村	2016	DnA建筑事务所（徐甜甜）
	蔡宅豆腐工坊	大东坝镇蔡宅村	2018	DnA建筑事务所（徐甜甜）
	横樟油茶工坊	大东坝镇横樟村	2018	DnA建筑事务所（徐甜甜）
自然环境的观照	松阳原舍·揽树山房	四都乡榔树村	2019	gad·line+ studio（孟凡浩）
	心第精品酒店（文里·松阳三庙文化交流中心）	松阳县城	2020	家琨建筑设计事务所（刘家琨）
	桃野	三都乡松庄村	2019	吕晓辉设计工作室
	飞茑集	陈家铺村	2018	gad·line+ studio（孟凡浩）
社会环境的培育	平民书局	陈家铺村	2018	张雷联合建筑事务所（张雷）
	王景纪念堂	王村	2017	DnA建筑事务所（徐甜甜）
	石仓契约博物馆	石仓村	2017	DnA建筑事务所（徐甜甜）
	竹林剧场	横坑村	2015	DnA建筑事务所（徐甜甜）
	石门廊桥	望松街道石门村	2017	DnA建筑事务所（徐甜甜）
	水文博物馆	横山区块白沙湖堤坝及发电站西南侧	2019	DnA建筑事务所（徐甜甜）
	独山驿站	瓦叶段北100米	2020	DnA建筑事务所（徐甜甜）

（三）探索与实践："三叶居"民宿

松阳县吴弄村历史文化资源丰富，有13幢清末民国建造的古民居，是浙江家族传统聚落的典型标本。吴弄村传承孝悌文化：村中心宗祠大门上书"入孝""出悌"字样；村口有老人活动中心，内设阅览室、餐厅、棋牌室等，村里的品牌活动是在外务工的青年春节回来与父母团聚在活动中心吃年夜饭；民居纵横互通，成为各家之间同气连枝的象征。这些都是吴弄村社会环境的侧影。宗祠内设三叶文化馆，三叶即茶叶、烟叶和桑叶，是村史里重要的农产品，也是自然环境的集结，过去种烟的技艺和制烟的工具在馆内展示。村内有百年樟树，树干中空，树形婀娜，被称为"樟树娘娘"，传说附近的小孩头疼脑热来树下拜一拜就好。古樟树下和丰社类似五谷神庙，护佑村子风调雨顺，房子素朴但香火旺盛。由此可见，仅有260多户人家的吴弄村，其空间聚落却有完备的天地人神系统，这与古希腊的topos——即"聚合、容纳、安置、保护'天地人神'四重整体意义上的'域'"[17]——之内涵异曲同工。民居环境系统承载着神话、人伦、记忆、情感，具有复杂的层次和结构，提供了设计师创作介入的审美资源。

笔者10年前带领上海大学上海美术学院设计系和建筑系的学生来到吴弄村，前期是参与申报住建部首批"中国传统村落保护项目"建设重点村；后期同村书记一起保护和修缮了村中大部分老屋，断断续续参与村庄环境更新至今。如果说历史村落的保护修缮属于"修复性怀旧"[斯维特兰娜·博伊姆（Svetlana Boym）认为怀旧可分为"修复性怀旧"和"反思性怀旧"]，那么村集体在2018年提出把村口破败的仓库改建为乡村民宿则反映出 "反思性怀旧"的意识萌芽。仓库单层面积不超过120平方米，2层是堆放杂物的阁楼，5榀木屋架支撑起整栋建筑，夯土泥墙（图5）。周围小溪环绕，白发老妪常在溪边洗衣。近处有池塘和茶园，远处可观远山，环境更新具备优越的自然基础。

笔者以"三叶寄情、孝悌承志、乡村振兴"为立意，尝试借助"场所"理论开展实践，激活三叶居民宿整体环境。

1. 以三叶文化观照自然环境

茶叶、烟叶、桑叶是农耕文明中生产、生活和生态共生交融的典型缩影，形成了吴弄的文化IP，具有塑造认同感的天然基因。茶叶清爽，烟叶清矍，桑叶清新，从自然环境中提炼出具象化、人格化的符号语言运用到环境营造中（图6）。一根枝脉上散开3片叶子掩映家的形象塑造村庄标识；3间客房内的纹样分别采用不同叶形图案表达；户外环境设施也充分运用了三叶的形象：烟叶灯、桑叶垃圾桶和茶叶椅，提供公共服务的同时也提升了村庄的文化辨识度。人们一边欣赏身边的自然风景一边品鉴眼前的设计语言，产生"对境之赏会与复观"[18]之感。

2. 以建造文化赋能人造环境

建筑作品的特性最主要由其所运用的构造方式所决定。建筑改造保留原有的夯土墙、木屋架结构和鹅卵石基座，尊重历史风貌，延续场所的方向感。在限高原则下，整体抬高木屋架（从6.25米到7.00米），让二层层高可用，并适度拓展一层面积，作为公共性的茶寮使用。在墙体上开小窗洞来让泥墙的深度"被看见"；建筑入口处上下贯通，成为一个挑高的公共空间，让木构架的完整性"被看见"（图7）；建筑主体采用地方材料，由当地工匠建造完成，这些木作、泥作的乡土工艺虽难以"被看见"，其质感、气息、光影却融合了虚与实、有形与无形，诠释"境生于象外"的美学境界。人们身处其间畅想世外桃源，有"他界之冥想与蓦进"[19]之感。

3. 以孝悌文化孵育社会环境

设计关注浸润村庄血脉的孝悌文化表达，强化"家"的归属感。一层被改为茶室和老人房，兼顾公共生活和长者体验。二层两个房间改为亲子房，适应2孩家庭状况，两房之间由"同心桥"连接（图8），是对"孝悌"的空间回应。整个民宿体量很小，仅有3间

图5 "三叶居"改造前（汤宏博/拍摄）

图6 "三叶"元素在整体环境中的运用（关雅颂、丘荔、朱昊、王一桢/绘制）

客房，2楼两房各有阳台面向远方的山峦和近旁的鱼塘，1楼老人房紧邻茶室和茶田，传递"望得见山，看得见水，留得住乡愁"的理想。家是每个人出生之后就拥有特殊体验的场所，成为原住民和来访者心理安定、文化认同的原点，反映出社会环境的"知觉基型"。"三叶居"独特的空间逻辑使人珍惜都市中失序的"家"文化，体验代际沟通和情感流动，产生"心态之抽出与印契"[20]之感。

4. 设计反思

"三叶居"民宿整体环境更新设计是吴弄村传统村落再生和文化重塑的一部分，它不是目标性、项目式的，而是谨慎、渐进、协同的，在非效率优先的语境中完成美美与共的浸润。设计过程由村集体主导，县政府和街道支持保障，设计下乡，村民匠人参与，多方主体在审美统筹下协作。社会学家托尼·本尼特（Tony Bennett）认为有必要考虑"构成审美的原初决定性特质的无用性之特质是如何被重新界定的，以便它能够被用作治理的一件工具"[21]，可见作为审美策略，建筑现象学以无用之用开启了一种政治智慧，推动自然环境的观照、人为环境的营建和社会环境的培育，兼顾多元主体的诉求，促进环境有机更新，助力乡村基层治理。诺伯格－舒尔茨在理论中详细分析了自然和人为环境（场所）的结构和层次，但未涉及社会环境，因而被认为倾向于"环境决定论"（environmental determinism）而过于简单化。本研究依托乡村环境更新实践，通过补充社会维度的讨论，构建了自然环境（natural environment）、人为环境（man-made environment）和社会环境（social environment）的NMS模式，使得环境

图7 三叶居民宿改造效果图和照片（汤宏博/绘制，王月高/拍摄）

现象学的理论模型更臻于完善。

但是任何理论模型都是有缺憾的。"三叶居"建成前后在米兰三年展、上海设计之都等平台上进行了传播，文化上得到认可，经营上却不尽如人意。民宿袖珍的体量难以进行经济平衡，疫情让刚起步的村庄旅游遭受重创；老屋修缮临近尾声，政府的投入缩减；村民的主业是农业，向二三产业转型艰难；空间内容难以导入，资本方顾虑重重；村民观念已经启蒙，但没有经济上的确认，文化自信极易动摇；设计师和村落形成了链接，又产生了新的忧思。现代性症候依然在乡村蔓延，有待后"场所"理论和实践进一步开展研究。

四、结语

中国的乡村振兴，要防止物质环境的破败，更需面对文明和信仰等软环境危机。松阳的实践探索，本质是在地方文化的现代性困局——诺伯格-舒尔茨称之为"场所的沦丧"——中寻找符合我国历史和现实的设计发展之路。为了"牵制和净化现代性精神中'人本'意识形态所蕴藏的个人主义瘟疫"[22]，设计师应以乡村中的"人神""人人""人物"等多元关系为参照，发现其中蕴含的启示，在"认同感"丧失、"方向感"迷失、"归属感"缺失的技术性危机下，积极重建有序的乡村环境和行为系统。

建筑现象学的生命力在于：它一定程度上整合了西方的建构逻辑和东方的体验思维，在客观物质环境和主观知觉环境中开辟了一条"间性"切入的理路。中国传统乡村环境以其整体性特点，为适切的"间性"智慧提供了印证；中国当下乡村环境也因其身处的

图8 三叶居民宿剖透视和结构分解图（王一桢、赵璐琦/绘制）

危机,给创新的"间性"方案指明了方向。

笔者在吴弄曾听到村民的议论:"土墙上的茅草不要铲掉,因为那里有鸟儿衔着草籽飞过。"村民的审美表达让人进一步反思当代知识分子亲身走进乡村的意义:"在全球化语境中,地方性审美经验弥足珍贵,因为它保留和维系着人类与来自他者一瞥所可能隐藏的暴力相抗衡的力量。"[23]

(本文原载于《工业设计工程》2022年第6期,第53–61页。)

注释:

[1] 莱奥内拉·斯卡佐西,王溪,李璟昱.国际古迹遗址理事会《关于乡村景观遗产的准则》(2017)产生的语境与概念解读 [J]. 中国园林,2018,34(11).

[2] 渠岩.艺术乡建:中国乡村建设的第三条路径 [J]. 民族艺术,2020(3).

[3] 葛丹东,童磊,吴宁,胡蕊娟.营建"和美乡村"——传统性与现代性并重视角下江南地域乡村规划建设策略研究 [J]. 城市规划,2014,38(10).

[4] 北京大学哲学系外国哲学史教研室.古希腊罗马哲学 [M]. 上海:生活·读书·新知三联书店,1961:23.

[5] 诺伯格–舒尔兹.存在·空间·建筑 [M]. 尹培桐,译.北京:中国建筑工业出版社,1990:19.

[6] 邓波,罗丽,杨宁.诺伯格–舒尔茨的建筑现象学述评 [J]. 科学技术与辩证法,2009,26(2).

[7] 肯特·C.布鲁姆,查尔斯·W.摩尔.身体、记忆与建筑——建筑设计的基本原则和基本原理 [M]. 成朝辉,译.杭州:中国美术学院出版社,2008:45–46.

[8] 王锦.归属感探析 [J]. 西安文理学院学报(社会科学版),2011,14(4).

[9]2021年3月发布的《中共中央、国务院关于实现巩固拓展脱贫攻坚成果同乡村振兴有效衔接的意见》。

[10] 王南溟.横渡乡村:用"社会学艺术节"答费孝通之问 [J]. 美术观察,2021(7).

[11] 海德格尔.演讲与论文集 [M]. 孙周兴,译.上海:生活·读书·新知三联书店,2005:89–156.

[12] 王伟强.从乡村建设走向生态文明——与温铁军教授的对话 [J]. 时代建筑,2015,(03).

[13] "共同体"的概念最早由德国社会学家滕尼斯(Ferdinand Tennies)提出,在提出实施乡村振兴战略后,南京农业大学教授刘祖云等人提出了需要构建新型乡村共同体的要求。

[14] 李晓峰,谢超.地域性如何塑造——以汉江上游移民村营建为例 [J]. 华中建筑,2015,33(1).

[15] 徐甜甜.松阳故事:建筑针灸 [J]. 建筑学报,2021(1).

[16] 同 [8]。

[17] 同 [6]。

[18] 梁启超.饮冰室文集点校 [M]. 云南:云南教育出版社,2001:3327.

[19] 梁启超.饮冰室文集点校 [M]. 云南:云南教育出版社,2001:3328.

[20] 同 [18]。

[21] 托尼·本尼特.文化、治理与社会——托尼·本尼特自选集 [M]. 王杰,强东红,等译.上海:东方出版中心,2016:493.

[22] 渠岩. 乡村危机,艺术何为?[J]. 美术观察,2019(1).

[23] 向丽. 怀旧·乡愁·乌托邦——中国艺术乡建的三重面向[J]. 民族艺术,2021(3).

参考文献:

诺伯格·舒尔兹. 场所精神——迈向建筑现象学[M]. 施植明,译. 武汉:华中科技大学出版社,2010.

作者单位:

程雪松 上海大学上海美术学院设计系主任、教授、博士生导师
关雅颂 上海大学人工智能研究院教师
卢俊辉 上海大学上海美术学院硕士研究生

5.3 试论艺术介入视角下的"乡村可阅读"
——以"摩登田野：2022 新海派乡村美育展"为例

[摘要] 乡村场域是承载人类社会文化价值的载体和容器，既是具象的物理场域，又是乡民情怀的"发生器"。本文结合"摩登田野——2022 新海派乡村美育展"及论坛等系列活动，探究艺术介入视角下的"乡村可阅读"，并从"归田""归家""归艺"和"归心"4 个分主题切入，擎新海派大旗介入乡村营造、修复乡愁记忆、协同美育矩阵、促进产业孵化，重塑村民共建的核心主体，通过艺术介入农旅生产、环境营造、文化传承和乡村治理 4 个面向，回应新海派乡村美育及振兴的重构与拓展。

[关键词] 乡村可阅读　艺术介入　新海派乡村　摩登田野　乡村美育

上海市在"十四五"规划中率先发起"街区可漫步、建筑可阅读"活动，从建筑、故事和人 3 个面向，漫步城市，走读上海，彰显城市发展理念的跃迁。"城市可阅读"是整合知识、历史、文化、社会、时代等空间营造和情感共情后，完善基层社会文化治理，实现"人民城市人民建，人民城市为人民"的终极语境。乡村之于城市，本是血脉同根的人居空间，乡村既是物质文明的记忆器官，又是社会情感的文化容器，与大都市协同并博弈着，在交互中反复印证自身的衍变。"乡村可阅读"是集合传统文脉、历史风貌、物质存续、社会情感和未来期许的互动协商机制，并从产业可研读、环境可品读、文化可阅读、治理可解读等 4 个面向承续和建构。

乡村文化振兴的本质是在坚定中国文化自信的基础上铸民族之魂，协调传统文化与现当代文化的耦合关系，形塑乡村思想文化体系，激活民众审美情趣[1]。在艺术介入乡村治理的实践成果中，众多政府、高校、企业和社会组织开展了大量卓有成效的探索，如 2003 年由谢丽芳发起的探索少数民族地区美育传承与可持续发展的"蒲公英计划"；2019 年四川美术学院协同重庆市美术家协会主办的"百年百校百村：中国乡村美育行动计划"[2]，以艺术之名，以教学之力，服务国家乡村振兴战略[3]；2020 年由中国美术家协会教育委员会举办的"面向未来的美育之路"，发布了《美育行动宣言》，以探索城乡美育的共生共融关系。还包含艺术家躬身乡建的宝贵经验，如 2008 年渠岩在山西发起"许村计划"乡村重塑项目，2017 年又在广东顺德青田村提出"青田范式"；2010 年欧宁与左靖在安徽开展的"碧山计划"；2012 年焦兴涛等人在贵州发起的综合艺术项目"羊磴艺术合作社"等。2018 年李翔宁在威尼斯双年展策展"我们的乡村",以"业、旅、社、文、居、拓"6大版块探寻乡村被遗忘的价值;2018年雷姆·库哈斯(Rem Koolhaas)在中央美术学院担任"普通乡村"论坛嘉宾并分享次年于纽约古根海姆美术馆展开的"乡村的巨变"展览;2019年方李莉在中华世纪坛策划"艺术介入乡村建设展",展出3位艺术家的乡村实践——渠岩"从许村到青田"、左靖"景迈山"和靳勒"石节子美术馆",展现艺术介入乡村建设的实际效能。近年来,上海大学上海美术学院,依托学科专业优势,长期开展艺术进区县、艺术进乡村等系列的实地乡村治理研究,包括2019年米兰三年展"进退之间的设计:以上海崇明生态岛为基础的考察"、与刘海粟美术馆合作举办的毕业设计展和乡村社区振兴展、与塞内加尔国家博物馆合作举办的"魅力中国,乡村振兴"艺术展等,在国内外亦引起广泛关注。

有鉴于此,以上海市文化创意产教融合引领项目为依托,上海大学上海美术学院特策划举办"摩登田野——2022新海派乡村美育展"及论坛系列活动(以下简称"展览"),并拟于2022年2月中下旬(原定于2022年1月17日举办,受静安区疫情影响延期)在上海市奉贤区南桥镇举办展览开幕式。展览由上海大学上海美术学院曾成钢院长亲笔题名,以海派触媒,遵循在地传统,将海派乡村聚落的在地特色和文化基因,以"润物细无声"的方式进行持续传达和输出。策划团队针对艺术乡建"去主体化"和"去中心化"进行深入考量,并提出"政府携领、艺术家参与、高校协同、村民共建"的多元主体概念,以艺术设计展览形式进行成果展示,打造乡村环境更新和美育传播的全方位、立体化、多维度的展览模式与研究探讨,积极拓展乡村在地居民的审美需求和审美意识,营建乡村环境的艺术场域。

展览以"摩登"为主题,分为归田、归家、归艺、归心4个分主题展区,展现人与乡村自然、人与乡建环境、人与乡土民艺、人与乡愁情感的关系,展陈方式强化公众全方位参与,分布在大棚、房车、田野等环境中,把大都市乡村的日常生活场景,转换成"摩登"的审美化场所,包括艺术装置、在地创作、设计案例和美育活动4种类型,涵盖了表演、绘画、影像、建筑、产品等多种形式的30多件展品。展览通过环境改善、产教融合、业态赋能、文创衍生等层面的重新思考,对现有乡村资源进行创造性转化、创新性发展和创意性提升,力求打造新的生产、生活、生态系统,激活美丽乡村的内生原动力,推动精神文明建设。笔者试从农旅生产、环境营造、

文化传承和乡村治理这4个面向展开，叩问艺术介入视角下"乡村可阅读"的营造意象。

一、归田：艺术介入农旅生产

展览第一单元"归田"，展现人和田野、自然的关系，以在地性的田野创作展现人和土地、田野的关系。乡土文明作为中华文明的基石，是现代人无法撤去的精神原乡。随着时代的发展和城市化的进程，对于国人而言，乡村已经变得越来越陌生和新奇，成为"现代性"症候下的新景观。"归田"正是为了消解这种文化乡愁与社会现实的疏离，使城市人在传统农业文明叙事中得以寻回故乡旧梦，也让新农人在现代工业文明叙事中寻求精神原乡。艺术介入新海派乡村农旅生产的嬗变与更新，以"同命运、共呼吸"的改善路径和"躬身入局"的虔诚姿态，从调整农创场地属性，到改善农旅发展路径，促发着都市语境下的乡村农旅变更，在乡村政治、经济业态、社会格局和在地民众之间扮演着动态激活的黏合剂。

"大棚变展厅、田野变展场、房车变展廊"，策展团队将农闲时节的农作生产大棚用于艺术文化展示，是农业生产与文旅结合的"艺术试验针灸"。"归田"中最重要的作品——大棚，本是观赏性热带作物的种植空间，培育的是"温室中的花草"，现成为美育浸润的"大棚美术馆"，培养美丽乡村的建设者和美好生活的开创者。这隐喻着未来的艺术家和设计师走出温室，走向田野，从基层生活中汲取艺术滋养，成就人生价值。与此同时，奉贤江海村的田野场域，将与民共建艺术装置作品融入其中，成为艺术介入新海派乡村美育的广域展场。房车作为品质生活的标志和魅力乡村的标杆，同时也作为一种具有流动性的旅游沟通工具，演绎成对外开放的"公共艺术画廊"，拉近摩登乡村艺术与在地民众之间的距离，激发双向感悟，形成艺术共建闭环。

"归田"版块中，俞昌斌及团队的影音影像作品《崇明乡聚实验田（2016—2021）》，以2016稻田迷宫、2017稻田聚餐、2018稻田集市、2019稻田摇滚、2020稻田笑脸、2021稻田走秀等逐年演进的多主题乡建营建活动，立足乡聚公社"有审美的乡村、有温度的欢聚"的建设理念，以乡村自然稻田为载体，调动社会组织和当地居民，以共创共建理念进行乡村场景的创作，在缓解都市压力、疗愈"自然缺失症"的同时，实现"人与人、人与土地、人与自然"之间的对话，发掘乡村的本源魅力。

刘正直、谷京盛团队现场演绎沉浸式话

剧《原野》。这部创作于1937年的经典名著，是中国现代文学史上最杰出的戏剧大师曹禺先生唯一一部描写中国农村的经典名著，故事蕴涵着阔大渊深的人物情感并展现出复杂鲜明的人物性格：揭露了闭塞黑暗的封建社会，展现出被压迫农民对于美好生活的纯真向往。改编版的《原野》基于既有文本，融入现代性的元素及个人表现主义色彩的特征，对乡村历史人文进行了重新编译和解构。

此外，孔荀、荣晓佳、林宏瀚、许盛宇的大棚照明作品《田野的记忆》，由3个主题单元组成，分别是展现大丰收喜悦的"风吹麦浪"主题、大棚养殖特色的"艺术大棚"主题、美丽乡村建设人文气息的"归心"主题，利用灯光艺术的表现手法，借助光影效果体现艺术与田野风光、环境与人文的交融，见证艺术融入田野，展现人与田野的关系。陈月浩及团队的《乡村振兴设计》作品，分成9个小组，选择了上海周边乡村不同类型的点位进行设计创作，包含了既有建筑改造、景观环境整治、室内空间设计和农村副产品文创等，是综合了自然资源、地域文化、生活方式、时代精神和经济成本等因素，遵循艺术介入农旅生产展开的设计。

产业可研读，以物质感知，携海派触媒。艺术介入农旅生产，即为"乡村可阅读"多方位贯彻乡村振兴的理念之源。

二、归家：艺术介入环境营造

展览第二单元"归家"，演绎的是人与生活、生产、生态空间的关系，意在用美丽乡村环境建筑的模型、影像来展现乡村建造的诗意美学，勾起人们对于乡土生活的共同记忆。建筑学家诺伯格-舒尔茨在20世纪提出"场所精神"理论，对个体的地方认同感与环境营造的氛围做出辨析，"场所"即为群体和个人的情感物化，是艺术介入的契机和媒介。海派文化是在中国江南传统吴越文化基础上，融合开埠后传入的欧美近现代工业文明，饱含古典韵致和现代时尚的国际都市海上所逐步形成的本地特有的文化现象。"新海派乡村"是社会主义新时期立足上海的乡村场域，开放包容且自成一体，它早已不再是我们想象中"刀耕火种"的萧瑟景象，而是充满相对富足、赏心悦目的现代化农家野趣。"归家"正是立足乡村环境系统与乡村社会生产、生活、治理、文化的耦合关系，搭建起人与村落的场所关联。

孙虎的乡建设计作品《奔赴心中的乡野——湖南溆浦北斗溪坪溪民宿景观设计》位于湖南省西南部怀化市溆浦县。北斗溪镇获评为"2020年湖南省十大特色文旅小镇"，

这里远山如黛，云雾缭绕，是有名的"花瑶文化特色镇"和"高铁明星镇"。项目秉承"克制"的理念呈现原生之美，以重返乡土的姿态，链接城市、乡土与自然，传承乡村风貌与文化，展现对乡土文明的理性回应。

程雪松及团队的乡建设计实例作品《三叶居》民宿设计项目，位于浙江省丽水市松阳县吴弄村，设计秉承在地情感来源的"桑叶、茶叶、烟叶等三叶文化"，以及原住民珍贵的文化遗产和精神财富"孝悌文化"，建筑和室内外环境改造同村庄风貌相呼应，在保留传统木构架和石骨泥墙构造的基础上融入现代材料和设计语言，围绕"看得见山、望得见水、留得住乡愁"的空间表达，实现新与旧、传统与现代的对话。

张一戈、陈伟朝的大型互动装置作品《PopUp 101——绽放 101》，作品回归对乡村原始材料的运用，与自然质朴的田间生活场景相连接，通过视频记录了在地村民与作品作者的合力徒手搭建，秉承可回收循环的理念，逆向解构后可在不同乡村间巡回传播，践行实践艺术"均权共享"的主张，生生不息，不断绽放，是公共艺术后物时代的全新探索。

此外，还有穆杰及团队的装置作品《太湖石》，用镜面材料组合而成的构筑物，把太湖石皱、漏、瘦、透的传统审美特征，用乐高积木般的全新材料和构造方式进行表述，将文人美学融入当代语境。葛天卿、姚雨馨的作品《大地脉搏》，将机械心脏结合乡土的自然景色，绘出大地的调色盘，唤醒数字时代人们心中的远方。黄祎华、张珺琳的乡村营造创新项目《生态横沙朴门农园》，以地域特性和乡村社会性质为依托，融合生态环境提升等要素，挖掘当地特色海岛文化，重建乡村公共生活，在传统的乡土文化精神与现代的生活方式之间实现乡村营造更新。王勇、褚雨粟的江海村乡建项目《桥汇南桥，未云何龙——上海市奉贤区南桥镇江海村"美丽南桥"》，借助江海村紧邻城区的优势，以"桥"通生态、以"桥"联文化、以"桥"汇资本，实现生态修补、产业融合和资本加持，促发江海村在地环境的革新演进。崔仕锦团队的作品《艺术介入乡村营造——恩施宣恩商业街区外立面改造及民宿设计》，通过对恩施宣恩非物质文化遗产的赋活和营建，结合当地特色的视觉符号西兰卡普，用修缮、改造、新建 3 种方式使宣恩墨达楼附近区域整体风貌达到新旧交融的效果。费陈丞、李嘉馨、金倩惠的《请坐》与彭俊发《中式家具》等家具设计作品，以实物手作的家具展品，整合观念和功能，展现传统家具的现当代转译。

环境可品读,以在地孵化,促场所衍生。艺术介入环境营造,即为"乡村可阅读"多主题演绎乡村情怀的初探。

三、归艺:艺术介入文化传承

展览第三单元"归艺",讲述人与艺术的关系,旨在通过摄影作品和装置艺术,讨论乡村作为人的发展平台,推动民艺、手工艺的传承和嬗变。亨利·列斐伏尔(Henri Lefebvre)在其"空间生产理论"中指出,空间是物质空间、精神空间和社会空间的统一体[4]。人们将对应的知识、符号和秩序进行维度上的建构,整合为精神空间,这既是审美的再聚焦,又是文化介于物质演进的再构想。扬·阿斯曼(Jan Assmann)所指的"文化记忆"理念,既传承着图像化及符号化的外象表征,又促发着单个文化主体和共同客观世界的相互作用,是整体认同对个体认同的塑造[5]。在吸取了我国近代著名哲学和教育大家梁漱溟关于中国传统文化的创造性转变和东西方文化比较的乡建经验后,就不难理解他所说的"从中国的旧文化里转变出一个新文化"[6]。"归艺"正是物质空间和精神空间的耦合与显映,引发社会个体的共鸣与驻足,将文化情感卷入,促发着空间意向中新的乡村社会关系的建构,深化着乡愁情感的文化解读。

"归艺"版块中,周洪涛的木营造类装置作品《能量木》,通过对一块软木的切割展示木材纤维的独特魅力,爆炸性地释放出木材纤维的功能活力,使木纤维在无模具环境下浪漫弯曲,形成丰富的空间形态和光影,以彰显中华木艺匠作的传承与开拓。

刘勇、魏秦、商培根的乡建实例作品《浙江省三门县横渡美术馆》,建筑集合了展览、会议、休闲等功能,设计尊重周边场地环境,不破坏原有的乡村尺度与氛围,用极其克制的设计语言、乡土建造策略和当代的生活体验,为公众提供开放互动的公共空间,唤起人们对乡村公共生活场景的观照。横渡美术馆举办了诸多关于艺术介入的乡村美育活动,如"横渡之春:社会学艺术节"、"边跑边艺术"驻留创作与公共教育、第八届费孝通学术思想论坛暨未来乡村论坛等丰富的文化活动,并获批成为浙江台州第一批青年文化地标。

章莉莉的非遗传承《百鸟林》,作品还原染坊中布条垂挂的场景,聚集了贵州丹寨蜡染、苗族百鸟衣、四川阿坝羌绣等图案纹样,展现非遗传统手工艺的鸟林天堂,围绕鸟的图形和故事,叙述中国染织绣非遗技艺之美。行走其中,鸟鸣声声,此起彼伏,流水潺潺,树叶沙沙,使参观者感受到人与自然的和谐之美。

此外，陆勇峰的乡建作品《富安乡村美术馆》，让美术馆成为乡村美育和文化交流的创新空间，让乡村空间创生。汪宁的写生作品《走马灯》，将多年来积累的田野写生作品结合在一个八面体中，面对不同的情境应手而出的不同的表达方式，既记录了真实的自然，也留下了时间流逝的痕迹，如八面之风，最终汇于在地观者之心。

文化可阅读，秉文化构想，筑摩登田野。艺术介入文化传承，即为"乡村可阅读"多版块协同乡村美育的深耕。

四、归心：艺术介入乡村治理

展览第四单元"归心"，探讨的是乡村社会中人与人之间、人和自己内心之间的关系，尝试用绘画作品、装置艺术和影像，展现人与人的情感在乡村自然的广袤天地里生长蔓延的过程。通过在乡村的生产、生活和生态之间找到适当的方位介入，关切其"硬环境"和"软文化"的一体两面，从而获得"主体间性"的观照与回应。"归心"立足后人文时代上海乡村的在地特色，突破既往乡村营建的藩篱，联结自然、文化和社会，触发人与人、人与内心的和谐共生，以艺术之力带动乡村深层治理。

"归心"版块中，赵蕾的经典老器物作品《搪瓷年代》，回望民众日常的生活符号和工业生产的时代印记，"物"的见证窥见了时代的留痕，勾连了历史线轴的过去、当下与未来生活的可能性。蔡建军及团队的作品《生生不息》，展现了奉贤的四季花开，以繁花之境诉自然的天地造化与人工界线的模糊性，"此心安处是吾乡"蕴含了人与自然之间消解冲突、生生不息、和谐共处的乐园。黄更、王沛的声音装置作品《MIX·竹》，通过深扎土壤的竹和圆润狭长的音，把声音从土壤引向苍穹，把生长从根基带到阳光，奏响生命之髓的节奏，徜徉隽永愉悦的韵律。葛天卿、姚雨馨、王子钰的乡村摄影作品《归》，展现了乡村情节关联性与故事建构性的结合，还原从农耕文明以来乡村的演进历程：从救济到自救、从疑新到更新、从发现到重现、从建设到复兴，将海派文化的隽秀画卷，赋予在地的观者更为厚重的感染力。荣晓佳、谢悦、王林的装置作品《召唤3》，作品在引力、风力、拉力和弹力之间构筑了一个极简的内在动态平衡系统，用于将地表状态转换为视觉和听觉的自然组合。

中国传统文脉"向上之心强，相与之情厚"，从海派复兴到民族复兴，唤醒民众的精神导向尤为关键，而践行的方式便离不开持续输出、全民参与的美育活动。在"归艺"

版块的文化传承环节，秉承"乡村振兴既要塑形，也要铸魂"的纲领要义，策划团队躬行实践地展开了多项具备在地文脉传统的美育活动：宋洋策划的"大手携小手，稻香'绘'我乡"彩色稻米拼贴创作活动、张楠楠策划的"摩登农作创意绘画"火龙果藏红花写生活动和何玉玮策划的"南桥撕纸"奉贤非遗手工纸艺活动等，联结艺术家和在地村民，合力推动新海派乡村美育。首先，带领奉贤江海村民众参与其中，通过了解农作物常识，感受到民间工艺的质朴和实用，以物展形，培养在地村民对色彩的感官认知和对物体形象的知识衍生，在创作过程中互帮互助、共同分享，提升团队合作意识，培养环保节约、贡献家园的优秀品格。其次，通过多种绘画材料和具有创意性的绘画语言，感知探究、讨论思考当地农作的特征及寓意，拓展摩登艺术思维，激发江海本土情怀。最后，帮助在地村民感怀中国传统非物质文化遗产的现代化迷人光彩。

此外，还有董春欣的科学绘画作品《鸟系列》，运用丰富多样的绘画艺术语言，强调以艺术的语言向广大观众讲述科学故事、解析科学原理、传递科学知识，激发人们对自然环境的关注与热爱。刘洋、吴欣语、陶冶、郎郭彬的大型草亭壁画作品《江海花火》，利用点线面映射江海村乡村元素，展现美丽乡村建设的显著成效与美好蓝图，"花火"是画中重要元素，展现出乡村治理和振兴的广泛参与性，如同火花一般聚集，迸发出绚丽的光彩。

治理可解读，引全民参与，促社会共振。艺术介入乡村治理，即为"乡村可阅读"多形式促发乡村共建的内蕴。

五、结语

乡村作为一个庞大的文明体系[7]，其可阅读性需要传承和拓展既有乡村的完整文明形态。策划主创们通过对海派乡村的扎根、溯源、下沉和前瞻，在历经多次与奉贤区南桥镇江海村基层干部和村民的沟通及商榷后，逐步统一共建策略：由上海大学上海美术学院、上海市奉贤区文化和旅游局、上海市奉贤区南桥镇人民政府合力主导，立足新海派复兴发展战略，以丰富多元的美育形式和服务乡村的文旅途径，打造"摩登田野"新海派乡村IP，联合"良渚江海"在地品牌矩阵，强化数字化多媒体的立体传播，将乡村美育与农作、旅游产业有机融合，推进艺术成果孵化，切实助力上海奉贤海派乡村的村域聚合和镇域辐射，拉动创业就业。

展览源于高校延伸服务边界、开展美育

浸润、艺术赋能乡村的创作实践，以"摩登田野"描摹海派乡村，体现其与传统互动、与都市融合、与世界对话的意涵。以开端于江海村的校地合作为抓手，逐步构建具有海派气质、学院品质和乡村韵致的美学品牌，探索城乡融合发展的新路径。下一步将深化阶段成果的经验反思和迭代衍变，展开双年展和精华巡展，联结政府和企业，提供必要资源，吸引艺术家驻留计划，且围绕高校思政和艺术课程，定期与村民共同合作开展乡村艺术实践大课堂，辐射上海市其他同属性的海派乡村，建构新海派乡村更加切实精准、联动叠化和持续赋能的美育共享机制。

文化是村落空间与人文精神的纽带，亦是可阅读的精神符号：一步一寸，充满了熟悉又陌生的闲田野趣，一幕一景，封存着历史岁月的农人劳作，何尝不是精神与物质的联结？"乡村可阅读"是对传统村落场所精神和人文文本的深层体验，是阅读者对乡村场域的邂逅与造访，通过产业可研读、环境可品读、文化可阅读和治理可解读，步入乡村发展文脉的崭新历程。策展团队希望通过这样一个小小的创举，让城市人能够再次拥有看得见的、可触碰的乡愁；也让新农人享受更丰富多元的精神文明生活，并能够更多地参与到艺术语境中，收获新的财富。让现代人拥抱一种立足于乡村的、开放包容的、能给予心灵慰藉的新型乡村生活方式，由意识捕捉、被身体感知、让心灵体验，完善乡村社会文化治理，共建可阅读的乡村。

注释：

[1] 刘琪. 从梁漱溟乡建思想看美育在乡村文化振兴中的意义 [J]. 美术，2021(6).

[2] 黄政，庞茂琨，黄宗贤，等. 百年百校百村：中国乡村美育行动计划（上）[J]. 当代美术家，2019(4).

[3] 渠岩，焦兴涛，张颖，等. 百年百校百村：中国乡村美育行动计划（下）[J]. 当代美术家，2019(5).

[4] 夏铸九. 重读《空间的生产》——话语空间重构与南京学派的空间想象 [J]. 国际城市规划，2021(3).

[5] 阿斯特利特·埃尔，安斯加尔·纽宁. 文化记忆研究指南 [M]. 李恭忠，李霞，译. 南京：南京大学出版社，2021:108.

[6] 梁漱溟. 梁漱溟全集：第 1 卷 [M]. 济南：山东人民出版社，1989:611.

（本文原载于《公共艺术》2022 年第 1 期，第 72-83 页。）

作者单位：
程雪松　上海大学上海美术学院设计系主任、教授、博士生导师
崔仕锦　上海大学上海美术学院博士研究生、湖北美术学院环境艺术学院讲师

5.4 介入、融合与传播：光艺术赋能乡村建设
——以《乡遇·摩登》为例

[摘要] 近年来乡村建设进行得如火如荼，艺术作为乡建的有效手段之一，为乡村振兴和美丽乡村建设提供强有力的助推和支撑。然而，当前大多数艺术乡建的实践仅关注乡村的日间发展，而忽视了夜间的建设。基于此，本文从当下艺术乡建的热潮切入，提出问题，并通过《乡遇·摩登》作品的实践进行回应，探讨光艺术赋能乡村建设的价值与途径，以及通过"光艺术＋快闪"模式引导艺术创作、活化乡村的可能性。

[关键词] 光艺术 艺术赋能 乡村建设

一、艺术乡建的热潮与光艺术的介入

2021年4月，习近平总书记参观清华大学美术学院校庆特别展时指出"把更多美术元素、艺术元素应用到城乡规划建设中，增强城乡审美韵味、文化品位"。为解决城市发展中存在的城乡文化与审美断层问题，艺术乡建作为提升乡村形象、展现乡村多元文化特征的新农村建设策略，逐渐成为平衡城乡文化差异的有效途径。

艺术乡建的本质不只是带动产业经济的振兴，最关键的是秩序与文化的振兴[1]，它具有时空性、在地性、可持续性的特点。近年来，越来越多艺术家主动扎根于乡间，如许村计划、羊磴艺术合作社、横渡社会学艺术节等优秀案例层出不穷，皆引起了较大社会反响，但当下的实践往往更多关注于乡村的日间发展，却忽视了夜间建设的重要性。反观城市，随着夜景经济、国内外重大活动等因素的带动，艺术通过灯光秀、灯光艺术节等形式不断提升着城市夜间环境质量，强化城市夜晚文化形象，这也间接导致了城乡夜间建设的差距日益拉大。这不得不让我们重视对艺术介入乡村夜间建设途径的探索。

通过借鉴城市夜景建设中艺术参与的部分，不难发现光艺术在其中扮演着重要的角色。光艺术作为与光相关艺术的统称，它以灯光秀、光雕装置、花灯等多样形式融入城市夜景环境的建设中[2]。将光艺术引入乡村建设中，不仅能带动乡村夜间经济的发展，提升居民夜间生活品质，更能有效强化夜间乡村文化形象的传播。

然而，这种方式不能生搬硬套。与城市不同，乡村居民夜晚活动频率低，这大大降低了当地居民对光艺术创作的关注度，因此我们提出光艺术介入乡村建设的3个思考：第一，光艺术应该以何种姿态介入夜间乡村

建设中？第二，光艺术应该如何融入乡村，展现乡村的在地文化？第三，应该如何增强光艺术乡建的传播？

二、《乡遇·摩登》作品创作解析

2022年2月28日，"摩登田野——2022新海派乡村美育展"在上海奉贤区江海村的一处蔬菜种植大棚里举办，该展览以"归田、归家、归艺、归心"为主题，这为政府、村民与艺术家们共同探讨艺术和乡村融合的问题搭建了新的平台。

为进一步深入研究光艺术介入乡村夜间建设的路径，笔者带着对上述问题的思考参与此次展览，以展览的主场地大棚作为创作载体，通过"前期—实施—成果"3个阶段，进行《乡遇·摩登》光艺术作品的创作，以光影影像的手法向社会叙述江海村当地的产业特色与人文气息，最终完成光艺术对乡建的介入、融合与传播。

（一）前期阶段：介入

调研创作场地确定创作载体，研究当地的文化特色并选择合适的创作手法与内容。在创作的初始，为切合本次展览的主题，与展览的主办方密切沟通，并对场地大棚室内、室外与周边环境进行了深入考察。该场地三面皆为农田，周边生态资源优越且空间宽阔，但夜间照明较弱，可视性差。因此，最终确定运用光影影像的创作手法，以大棚立面为"幕布"，将江海村的乡间故事投影至整个展场的正立面上，这样既能不影响场地内的生态资源，又能通过"露天电影"的形式表达具有地域特色的影像内容，以此吸引村民的关注，丰富村民夜晚日常生活，同时将作品与展馆相融合，展现出艺术展不同于日间的另一份美。

在投影内容构架的策划上，该创作通过"风吹麦浪""艺术大棚""归心"3个主题单元构成，由浅入深展现江海村的乡村文化。其中，"风吹麦浪"展现大丰收喜悦的主题，以金色麦浪为主要视觉效果，引出大众对乡间农田的第一印象；"艺术大棚"展现大棚养殖特色的主题，从当地特色的经济作物中提炼出视觉符号进行动态展示，挖掘场地载体的特色；"归心"展现美丽乡村建设人文气息的主题，以江海村村民日常生活的影像片段为主要内容，向大众叙述属于江海村的民生故事。

本阶段重点在于确定光艺术介入乡村夜间建设的形式。通过沟通与调研深入了解乡村生活、解读乡村文化符号，以此选择创作的载体、手法与内容构架，为后续的现场实施奠定基础。

（二）实施阶段：融合

基于前期阶段的筹备，结合现场实际情况，调试并完善作品效果。此外，在创作之余，现场产生的意外收获也使得作品得以升华。比如现场测试时，由于作品的安装与艺术展的搭建是同步进行，常有工人或其他艺术家在现场走动，他们的动态影子也随着影像投射至大棚立面上，这无意间产生的互动，拉近了艺术作品与人的距离，使观者也参与进艺术创作当中。又如在对作品拍摄记录的过程中，通过无人机等设备发现，不同角度观看作品展现出了不同的美感。这些意外的收获也是作品融入实际场地后群众与环境的反馈。

本阶段通过现场实践完善了作品的效果，推动作品与乡村人文环境进一步融合，同时在此过程中通过与观者及周边环境的互动交流，进一步实现光艺术对乡村建设在地性的诠释。

（三）成果阶段：传播

该阶段是对作品的整理与传播，从而展现光艺术赋能乡村建设的可持续性特点。作品选择采用视频的形式进行传播，由于光艺术本身便具有"潮流艺术"的特质，在吸引大众关注度上具有一定的优势，结合视频的叙事能力对已有作品进行二次创作，更易于向外界传递乡村精神，宣扬乡村文化，使得

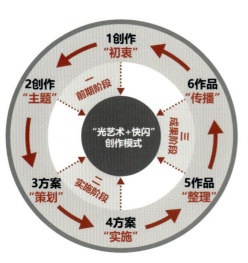

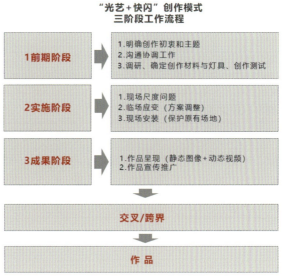

"光艺术＋快闪"创作模式（孔荀、林宏翰、王解意/绘制）

不在艺术展览现场的群众也能对该场地产生共鸣。

此外，在传播渠道上，顺应"网络短视频时代"潮流，借助网络媒体公众号、短视频等新媒体平台进行推广，这不仅是对作品的传播，同时也是对创作场地的宣传，让社会大众意识到如今乡村的变革与发展。

三、"光艺术+快闪"创作模式对夜间艺术乡建的推动

在《摩登·田野》的创作中，笔者以"光艺术+快闪"模式引导创作的实施，在此过程中发现该模式对于夜晚乡村建设具有一定的意义与价值。

"光艺术+快闪"创作模式可以理解为是以"光艺术"为主题内容的一次"快闪"活动，将"光艺术"作品的视觉优势和"快闪"活动的叙事性、话题性优势结合，是对艺术创作跨界的创新思考与尝试。同时依据"光艺术"和"快闪"两者的创作规律，梳理出本创作模式的6个创作环节和3个阶段的工作机制，如图1所示：前期阶段侧重于创作的"初衷"与"主题"；实施阶段侧重于方案的"策划"与"实施"；成果阶段作品的"整理"与"宣传"，各阶段之间具有承上启下的逻辑关系和工作内容侧重。

《乡遇·摩登》的创作实践构建起"光艺术"的创作主题内容，并以"快闪"活动的方式组织现场搭建、记录、作品整理、网络媒体传播与推广，实现了"光艺术+快闪"创作模式的完整闭环，同时也验证本模式艺术创作参与乡村建设的可能。"光艺术+快闪"创作模式的提出作为解决夜晚乡村建设难题的举措，从多元角度提升了乡村软实力，通过这种临时性艺术创作的形式表达，在不动用大量财力物力的情况下，以一种柔性的方式实现了对乡村文化的呈现与传播。

四、结语

本次创作实践立足于提升乡村夜间环境、丰富村民夜间生活，以"光艺术+快闪"创作模式为引导，通过现代艺术的形式激活在地的乡土文化，实现光艺术赋能乡村建设，回应了用光艺术介入乡村建设的3个思考。

当前的乡村振兴普遍缺乏对夜间美的关注，采用光艺术的手法介入乡村的夜间建设，需扎根于本土文化，挖掘乡村人民自己的故事，以此达成艺术与人、艺术与地方的共鸣，最终目的是提升乡村的文化知名度，从而拉动乡村夜间产业发展，实现"乡村复兴"。"光艺术+快闪"创作模式如今虽处于起步阶段，尚缺乏充足的案例实践，但其以光为创作载

体，且具有叙事性、传播性的特征，有利于在夜间展现乡村独有的乡土性、生态性与归属性，在尊重地域环境的前提下，重塑属于乡村人的"夜生活"，未来在乡村建设中存在着可以发挥作用的广阔天地。

注释：

[1]李人庆.艺术乡建助推乡村振兴[J].美术观察，2019(1).

[2]孔荀，居家奇.LED照明时代下光艺术的发展与照明设计图形化初探[J].照明工程学报，2016，27(4).

(《乡遇·摩登》作品图片/林宏瀚提供)

作者单位：
孔　荀　上海大学上海美术学院硕士生导师、博士、照明设计师
林宏瀚　上海大学上海美术学院硕士研究生
王解意　上海大学上海美术学院硕士研究生

5.5 环境装饰与陈设课程背景下的创作实践
——以生长的石头《太湖石·构建》系列创作为例

[摘要] 太湖石是中国文化和美学的经典符号，是中国传统文人自然观和人生观的物象映照。太湖石天然的形态中蕴含诸多精神和审美的意味，造型上的多变和抽象之美被很多设计师作为一种创作元素融入各式设计作品。《太湖石·构建》的创作试图通过当代设计和材料语言转译太湖石的美学特征，这一创作过程并不是一个简单的截取或嫁接，而是艺术设计语言上的系统性思考和创造。本文通过阐述各设计者与指导老师的创作感想，从不同角度分享在创作太湖石系列作品时的理解与感悟。

[关键词] 环境装饰与陈设 太湖石 摩登田野展览

一、前言

太湖石在传统陈设中的地位很高，常置于厅堂之中，将人引入一种心境。所谓"室无石不雅，居无石不安"。它"漏、皱、透"的造型特征，寄托了士人出尘、不苟俗世功利的心态和追求。作品中我试图将太湖石代表的传统文化中的精神元素置于当代空间中，参与到空间的叙事和建构逻辑中，构建具有中国文化气质的精神场域和文化意境。

太湖石造型上的多变和抽象之美吸引我将其作为创作元素，融入作品中去，探索它在当代设计语言下的展现形式。《太湖石·构建》的最初构想来源于一次装饰课程的课外辅导，创作小组用卡纸将平面图形拼接成立体的构件，进而形成一组丰富多变的空间，通过构件之间的组合在具象和抽象之间反复提炼，将太湖石造型的灵透飞扬、孔洞相透、层叠贯通、面面可观的美学特征转译成新的形式。《太湖石·构建》将太湖石的涡、沟、环、洞的结构经过重塑衍生出新的造型；同时又在太湖石繁复多变的造型中寻找秩序，并通过造型和光影的变化来表达山水造化的意趣。

《太湖石·构建》既可以通过拼插出的方形构件组合成不同形态的"太湖石"，也可以改变体量或密度让其融入不同的空间，这种灵活多变的组合方式构建出的形态与生长的概念不谋而合，所以我将其称为会生长的石头。另一方面，这一系列还在不断的深化过程中，我也希望在今后能将这一元素应用到更多形态的课程实验中，探索各种材料表现与实验，以此为基础推动同学们精神上的想象和设计语言的尝试。

在这一系列作品"蝶变"的过程中，多位同学作为设计和执行者参与其中，通过学习和实践他们对装饰设计的理解也逐渐清晰,下文邀请各位同学一起谈谈自己的创作感受,从各自的角度分享对作品的理解和感悟。

二、文化:感悟自然融于设计——冉珂欣

太湖石是在自然作用力下产生的,它留下了坚硬的部分,淘汰了松散破碎的部分,留下的都是美好的曲线,圆润而柔美。太湖石文化最初是一种小众且雅的文化,随着时代的进步与发展,信息的流通变得便捷与公开化,越来越多的人接触到了太湖石,于是慢慢变成了大众文化。其体现了中国传统文化中向往自然和"天人合一"的审美及哲学精神。"瘦、透、皱、漏"是太湖石的美点,整体看起来精致典雅,受到很多文人的追捧,其雄、雅、顽、拙、清等特征也体现了传统文人对于人格操守的标准。中国传统文化及审美的核心就是"得之自然,发乎自然",所以太湖石是中国传统文化审美形态的体现,也是中国传统文化和艺术的重要载体之一,有着深远的历史意义和文化价值。自中唐以来,太湖石"丑怪"的特征和"玲珑"的形态都备受文人关注和青睐,诗文赞颂不绝如缕,在造园时,也被纳于庭际,成为"园林之宝",此后太湖石便与古典造园息息相关。

古时常引之为友,爱石、搜石、鉴石等,如痴如迷者历代圣贤雅士比比皆有,也有帝王将相举全国之力筑造奇石林苑,文人墨客于阁前叠石、堂中藏石等[1]。

正如《庄子·秋水》言:"吾在天地之间,犹小石小木之在大山也。"意为人于天地之渺小,正如石于大山之渺小。人与石同处偌大时空中,仿佛有了惺惺相惜之感。太湖石也是如此,它不止是一块石头,不止是一个无生命的事物,它与人一样,有风骨,有气韵。随着时代的变迁与发展,全世界各地文化之间相互渗透与融合,加上西方文化的闯入,中国自身文化和审美承受着高速的冲击。在紧张快节奏的生活中,人们无暇去顾及需要静下来有足够时间才可以去欣赏的艺术,林立的高楼大厦、川流不息的车海、熙熙攘攘的人群和强烈的物质欲消磨了传统文人的闲适平和。从这样一个转型中的城市中可以看到各种夹杂在旧和新、中和西以及自然和工业之间的审美碰撞与裂痕[2]。

艺术是文化的载体,任何艺术都是相归属的文化脉络的呈现。把艺术作品视作一种文化对象,约瑟夫·马戈利斯(Joseph Margolis)曾提出"艺术作品应被描述为文化的载体而不仅仅是物理的或被知觉的对象"。对于当代艺术领域中,以太湖石为主题进行

雕塑装置作品创作的艺术中，更多的就是艺术家的展望，立足于中国传统文化在现代的工业化和机械化的时代语境之中的审视与思考。

"摩登田野"的展览中，我们从造型、材质等方面去入手，将原有的设计再创作。作为中国特有的、典型的审美元素之一，太湖石代表着文人雅士寄情山水、回归自然、审美抒怀的文化载体和文人精神的隐喻，我们充分发挥其特点和风格效果，使其更加富有玲珑剔透之感。在这个时代，或许钢铁就是自然，机器就是自然，大都市逐渐取代了乡野，机器生活成为我们所谓的自然生活，因此，为响应海派乡村美育和振兴的构建与拓展，展望作品可以更加纯粹，更加接近文化寓意。从太湖石中，我们也体会到了每一种事物存在都是有道理的，不管它们是平凡的或者是渺小的，换一种角度和眼光，近距离接触一下，可能会有新的感悟和思考。

三、材质：转变视角深化设计——张艾琦

《太湖石·构建》是一件可变形态、可变材质的活动装置设计作品。最初的形态为仅使用纸板，进行形态构造创新。设计初期我们通过手工制作结构单片，进行结构模拟，18片结构单片组成一个小构件，这个小构件呈现多面、多孔的效果。

在此基础上，我们进行了多构件的造型模拟，多次尝试后，发现整体造型与太湖石有异曲同工之妙。但多数量、同造型的单结构组合总是显得有些许笨拙，所以，我们回到单片设计，把单片的形态分成了3种，再次组合构件，形成"纤细、匀称、扎实"的3种构件，并用之塑造整体造型，并将整体造型与太湖石的嶙峋感做结合，最终整体造型展现出大小孔洞错层交叠的状态，与太湖石瘦、漏、皱、透的特殊自然形态相联接。在最初设计时还考虑了装置与人的互动，儿童可以在造型拱洞下通过，而成年人的视线则可以直接通过构建的多孔结构，类似于园林设计中借景、障景的设计手法，将周围空间环境也包容在设计之中。在这些的基础上，还增添灯光设计，借助构建的造型和结构特征，形成多层次的视觉感受，以及利用相异的光色及亮度营造构建整体的文化氛围。在这之后，我们尝试了多种材质的设计，例如用透明亚克力、镜面及金属等材质来进行深化设计。材质作为一种设计语言，在艺术设计创作中被广泛运用，设计师们努力去寻觅材质、利用材质，并积极地去发现和尝试运用各种不同方式改变材质的原有特性，使其

能够在设计艺术创作中得到更为广泛、强烈的延伸与表现[3]。因此，我们尝试从不同质地、肌理和光泽的材质所显现出的个性与特征出发，与设计主题相结合，将材质的语言内涵融入设计，呈现出丰富、多元的设计效果[4]。

在"摩登田野"展览中，我们主要使用了镜面及木板材质，进行组装构建，结合大棚环境，在装置位置进行悬挂摆放。小模型通过造型本身的多面性与镜面折射效果结合，且随着时间流转，光影变化，呈现不同的视觉效果。大体块构筑通过改变拼插造型，以及位置摆放，呈现与环境协调相融的效果，悬挂的构件随风转动，孔洞空灵变化，呈现不同的感官效果。太湖石本身是自然与时间的产物，在浪击波涤中表现风骨，在上海吴越地方文化中，与文人墨客一同占据着与众不同的文化地位。

"摩登田野"展作为上海大学上海美术学院与乡村振兴结合的一个设计展览，立足中国大地，讲好中国故事。在土地里学习文化，在土地中孕育文化，在土地上弘扬文化，是我对于此次展览与作品的理解。经过这次设计，我个人收获颇丰，从想法到模型再到真正落地，在整个过程中我们的专业能力、团队协作能力都在不断提升。同时，这次的展览让我体会到艺术在服务经济社会发展中的重要作用，太湖石设计与乡村土地的结合也让我体会到将专业知识学深悟透，并将设计融会贯通的重要性。

四、空间：思考维度看待设计——姜可欣

设计灵感来自中国传统园林景观中的重要组成部分——太湖石。宋人米芾最早提出"皱""瘦""透""漏"4字作为赏太湖石的标准[5]，精准概括出了太湖石的特点。太湖石既有视觉美，又能很好地呈现出中华民族深厚的文化内涵、独特的哲学思考和极致的美学追求。

在太湖石的审美中，除去外形奇特外，其通透的洞孔的独特有别于其他奇石的特点。太湖石由于其造型各异，颇具意象。其本身的孔洞特点识别度很高，在制作过程中，可以结合局部特点并结合插件结构来体现此特点，以达到"形"似。因此，本方案以同一形状、同一色彩的纸板插片为载体，在三维轴向上通过不同的方向拼合，依靠纸板本身形状构成方中带圆、实中带虚、密中带漏的特殊形态，以体现其通透的特点。通透的概念既包含中国传统设计艺术的空间手法，同时更是体现现代设计中艺术表现力的方法。通过空间语言的表现来传达中国古典园林景观中的太湖

石的意境美，探索园林中的东方意味、文人情趣、历史文化等。

"摩登田野"展览中，我们将模块化构件重新组合，形成其独特的造型符号。空间造型上，结合材料和表现手法，虚实结合，高低错落，营造出一种江南特有的东方意蕴。参与到此次展览中，是一件幸福而幸运的事情，而且完成的过程更让我们受益。在现代中国的艺术文化发展中，当代艺术应始终将传承中华传统文化放在首位，通过对传统经典文化的再创造，赋予传统艺术新的时代精神内涵，并追求更高的审美理想[6]。太湖石作为中国的一种文化符合，有着巨大的艺术魅力与价值，我们应不断创新，通过使用一些新的艺术语言，赋予太湖石新的意义和审美。

五、结语

本次设计依托"环境装饰与陈设"本科课程并得到了环境设计一流专业建设支持，围绕艺术设计人才培养的实践环节开展了大量实践工作，多次尝试不同的材料和加工手段。同学们创新瓦楞纸十字纹使用方式，有效地解决了作品变形扭曲的问题，展开多次灯光试验，用多个变色灯编程组合的形式模拟网红落日灯的光效，展开丰富多样的实践探索。并发挥上海大学综合类大学的优势，联合机自学院同学，保证现场光效顺利呈现。初期，在2021"心境空间 构筑和谐"中国空间艺术构造大展结束后，团队成员们都收获满满。通过草图、纸片草模、1:10模型等不用程度的搭建训练，实践经历多次失败与挫折后，总结出一个最适合我们构造的搭建方法。"实践出真知"，这次的方案设计使在校的同学们更加注意实践的可行性以及设计细节问题。后期，再结合材质、空间等元素进行深化，使其与各种环境和谐相融，呈现出《太湖石·构建》独有的文化内涵，并学习提取造型之美，借助各类设计手法，表现设计之美。最后，能在"摩登田野"的设计展中展出时，这件作品已经经历了同学们无数的设计推敲与实践。"摩登田野"是一个让城市与乡村互相包容开放的舞台，而作品《太湖石·构建》之于创作者们更是一张将专业与实践相结合的门票，意义匪浅。

注释：

[1] 许磊.太湖石——作为古典园林的文化符号[D].上海：上海师范大学，2013:4.

[2] 徐斌.中国当代艺术语境中的太湖石的研究[D].杭州：中国美术学院，2015:12.

[3] 张云哲.材质语言在设计艺术中的表达与应用[D].厦门：厦门大学，2014:1-2.

[4] 宋志春.设计·材料·艺术魅力——浅谈材料在现代室内设计中的运用[J].辽宁师专学报(社会科学版)，2003(5).

[5] 蔡美浩.当代语境下传统文化符号的再塑意义——以太湖石为例[J].陶瓷科学与艺术，2021，55(5).

[6] 黄竟芳，陈晨.基于太湖石造型艺术的手工艺品可塑性研究[J].天工，2022(3).

(《太湖石》作品图片/崔仕锦提供)

作者单位：
穆　杰　上海大学上海美术学院设计系讲师
张艾琦　上海大学上海美术学院本科毕业生
冉珂欣　上海大学上海美术学院本科毕业生
姜可欣　上海大学上海美术学院硕士研究生

5.6 新海派乡村民宿设计思考

[摘要] 当下，中国的乡村民宿建设迎来了新的发展机遇。在这一轮乡村民宿的建设热潮中，成果和问题相伴而生。本文从字面出发，从"乡村""民""宿"3个角度展开论述，以乡村民宿案例《望乡》《裸心谷》和《三叶居》作为参照，由表入里地分析乡村民宿建设的原则和要义。文章指出，首先，新海派乡村民宿应以"乡村"为中心，开展乡村产业、乡村文化和乡村社会于一体的综合设计，从而形成独特的经济、社会、生态发展方式；其次，应紧紧围绕"民"，进行以异域旅人、异地游人、本地农人和在地化新农人为主体的乡村民宿设计；最后，还应该凸显"宿"的本质，围绕"家"的价值核心，打造乡村民宿独特的夜间生活方式。文章最终结论：新海派乡村民宿建设最终目的绝非仅为实现经济上的收益，更应注重乡村体验感知，使得消费者达到内心的富足，实现有别于都市的差异化情感关怀。

[关键词] 新海派 乡村 民宿 设计

一、引言

乡村民宿是乡村旅游中的一部分，以特有的乡村人居环境、乡村民俗文化、乡村田园风光以及乡村农业生产为基础，为游客提供乡村观光、文化体验、生活服务的旅游活动[1]。

民宿对于乡村旅游来说是一种创新体验，也是了解全新乡村生活方式的一种途径，重燃城镇居民返璞归真、回归田园生活的希望，且已成为带动农村经济增长的重要牵引力[2]。但疫情影响下的国内旅游业呈现出不乐观的局面，面临激烈竞争，民宿行业也出现了诸多问题。2022年5月24日，Airbnb中国（爱彼迎）宣布业务调整，自2022年7月30日起，暂停中国大陆地区的房源和体验相关服务，其平台的所有房源全部下架。爱彼迎是全球最大的民宿短租公寓预定平台，通过对其2022年第一季度财报的分析可知，近几年，中国本土的房源和体验服务业务在其全球营收中的占比不足1%。这种现象也让笔者不禁思考，乡村民宿何以能够可持续发展，在立足国内市场的同时也能够让更多国外友人更全面、真实地了解我国乡村的发展。本文试图通过整理和总结，回归乡村民宿的核心和本质，尤其是疫情影响之下的乡村民宿，到底应当以何种形式表达自己的价值和追求？长三角地区的乡村民宿作为当下乡村民宿的标杆地区到底应该坚持何种设计原则和要义？[3]笔者将通过以往的实践经验和文献研究对此进行探讨。

二、关于新海派

近年来"新海派"已经成为学界热议的话题。上海大学上海美术学院院长曾成钢在"新海派与未来美术教育发展"论坛中提出"海派所形成的格调与底气是中国美术重要的遗产，也是'新海派'概念的起源。"[4] 上海社会科学院文学研究所副所长、研究员郑崇选在《新海派艺术的文化语境与理论重构》中提道：新海派艺术相较于传统海派艺术有着鲜明区别的价值取向。一是人民本位的创作立场；二是经世济用的创作品格；三是融合创新的创作路径。[5] 可以说这3点归纳指出了传统海派和新海派之间的脉络关系，也点明了新海派未来的文化立场和创作走向。从这3个角度出发，笔者进一步联系本文讨论的对象，即当下上海周边村镇的乡村民宿设计，更加深入地体会到"新海派"艺术设计语言为乡村民宿赋能的可能性和必要性。首先是人民本位，乡村民宿应明确服务的对象，取之于原住民，用之于新农人。民宿营造在装修、装饰风格上除了保留原有乡土气息、具有传统文化记忆的景和物，还应展现在地原住民的生活形态特征，促进城乡间的融合。其次是经世济用，乡村民宿不仅仅是一个旅游产品，而是一个场景箱，一个小世界。通过对乡村民宿的设计和经营，整合乡村在地资源，把乡村优秀的一些农产品、手工产品向外传播和推广，展现地方物产经济，将地方特色产业和产品集成推送的同时，乡村民宿也在用新形象传播自己的特色。最后是融合创新，乡村民宿既不是对旧文化、旧风俗的完全破除，也不应是彻底地修旧如旧，而是需要顺应新时代的生活方式，有旧的记忆和新的生活场景的交融互动。新与旧有对话、有沟通，才会有创新，洋气和地气结合定能够产生更多的新气象。综上所述，新海派是文化，乡村民宿是旅游设施，二者的巧妙结合体现了文旅的有机融合，习近平总书记在党的二十大报告中提到"以文塑旅、以旅彰文"[6]，新海派乡村民宿需要找到适切的设计语言来塑造和彰显形象，讲好新发展理念下的乡村故事，促进文旅融合，为乡村振兴助力。

三、解读乡村民宿

乡村民宿单就字面而言，笔者把它拆分为乡村、民、宿3个词来解读。

（一）乡村

首先，乡村民宿的灵魂是"乡村"。乡村主要是体现在乡村产业、乡村文化、乡村社会、乡村环境4个方面。新海派乡村民宿须体现乡村产业，这是乡村民宿的立身之本。我国乡村民宿最早可以追溯到20世纪

80年代末期，当时台湾地区服务业人口超过50%，农业人口下降至10%，农业面临危机，为了使农业得到有效发展，台湾地区于1990年开始推动"发展休闲农业"及"一乡一休闲农业园区"的政策[7]，促进全新产业形式的民宿旅游。旅游业在国内的兴起带动了大众出游热潮，人们对旅游住宿设施的需求和要求也不断上升，越来越多的乡村旅游地区选择将农户闲置房屋改造成乡村民宿。程雪松设计作品《望乡》曾参与2019米兰三年展，探讨了崇明民宿中乡村产业、乡村文化、乡村社会和乡村环境这4方面。设计团队从海岛风貌、文人风骨、农耕风土等方面调研，抽象梳理出"田、院、园、丘"4种空间形态，与环境相融合，展现岛民们离开都市、回归故乡、追求美好生活的空间形态[8]。

一个能够引入新兴产业和当地文化进行联动设计，提出切实可行的经济创营模式，并将农、商、文、旅融合在一起，通过多业态组合、支撑，最终实现村民增收的新海派乡村民宿设计更能够得到当地村民认同。随着文化展示不断发展，形成相应的产业链，文化和旅游融合交织成文旅产业。在乡村民宿设计过程中，越来越多规范乡村民宿发展的星级评定标准出台，这也为乡村民宿的服务质量起到引导和保障作用。但其发展仍需要和乡村经济的长久发展一起考虑，设计过程中可以更多地把周边的景观设施一起纳入考量，例如周边环境配套、公共卫生设施、道路桥梁等，从而发展出能够使乡村民宿健康运行的系统服务设计。

例如位于上海市奉贤区青村镇的李窑村改造项目。李窑村具有丰厚的民间文化底蕴、典型的江南水乡特质，是上海市第三批乡村振兴示范村[9]。项目改造主要包括当地房屋的改造设计、道路桥梁改造修复、周边景观设施及公共服务配套设施的改造，并对李窑村的"农林水田路桥房"进行全面重构。

设计团队在实地调研过程中对李窑村的产业特色进行挖掘，最终确定了"窑文化"的主要设计方向，弘扬当地民间艺术和非物质文化遗产的同时还要引进和培育新的业态，将乡村振兴真正地和现代科技进行有效融合。通过乡村原有业态和城市产业的融合设计，达到城市反哺乡村，让更多年轻人和创业人士愿意选择回到乡村生活发展。设计团队在实地调研过程中，也有诸多村民不愿意将自己原有的老房子进行改造，对设计团队的规划和设计表示不理解。但随着部分样板房的完成，越来越多的村民看到了希望，产生了信心，从一开始仅有5户村民参与其中逐渐增加到100多户。

（二）民

民，本义指平民、百姓，引申为大众的、非官方的意义。笔者将乡村民宿设计中的"民"概括为4类，分别是异域旅人、异地游人、本地农人和在地化新农人。现在越来越多的艺术家介入乡村建设，他们对乡村的改造浸润着较强的艺术创作意识[10]，极具"艺术主体性"特征。

这种士绅倾向容易使得乡村内部真正的主体本地农人和在地化新农人被搁置其外。艺术家的艺术理想和现实需求之间存在着一定的矛盾，这让笔者想到当年梁漱溟在《乡村建设理论》中提到的"乡村运动而村民不动"[11]的现实困扰。乡村景观重建并非乡村建设的要点，异域旅人、异地游人、本地农人和在地化新农人才是乡村建设的真正服务对象，乡村建设的关键是人心建设[12]。只有让乡民的主观意识得到提升，他们才能明白乡村文化的宝贵和无限潜力，从而激发出建设自己家乡的热情，艺术家的创意也才能有地方安放。

乡村民宿营造具有特殊性，存在诸多条件的限制，设计师和村民之间的融合不仅体现在人际沟通上，更多的要从村民实际生活情况、习惯等出发。例如，位于浙江省德清县筏头乡的裸心谷项目，整个项目包括30幢复式树顶别墅、40栋夯土小屋以及会所、餐厅、裸叶水疗中心、室外泳池、马术中心等。"裸心"意为回归本质[13]，设计团队认为，乡村建造是一个互相学习和实践的过程，而非设计者单方面提出一种解决方案。当地村民善于使用石材和竹子搭建房屋，这为项目设计提供了支持。裸叶水疗中心与裸心小馆的屋顶采用当地村民自制的竹茅草建成，裸心小馆还专门请来安吉有着娴熟竹艺的匠人营造。设计团队引导整个裸心谷的景观设计，由当地工人施工，项目运营上也雇用当地人，充分调动起乡村自身的力量，使空间真正在地化。设计还考虑了未来项目使用过程中诸多的场景体验和从业形态，为乡村村民原有的日常生活增添更多的功能理性。在裸心谷，异域旅人、异地游人还可以了解设计团队与本地农人合作的众多环保农文项目，例如游客可以尝试制作具有地方特色的手工艺品，在陶艺转盘上捏制茶具；亲手采摘新鲜的白茶并制作；体验当地的主要生活方式竹林种植；坐落于中央的圆形露天剧场也会不定期举办音乐会及各种文化表演。

乡村项目是有趣生动的，存在丰富的社会性。如何紧密连结当地村民、当地政府共同为未来努力，如何以经济回馈的方式对乡村发展做出贡献，最终达到自然、社会、经

济的平衡，这些问题值得我们进一步思考。

（三）宿

宿，本义指夜晚睡觉，引申有居住、住宿的地方等意义，现更多表现为"家"，意味着一个晚上的时光。法国第一个乡村民宿于1951年开张，为解决乡村住宿问题，农舍有偿提供住宅；英国农户通过B&B（Bed and Breakfast）的形式经营着当地住宅，从而提升自己的收入；日本因为旅游和滑雪活动的兴起导致旅馆住宿空间短缺[14]，越来越多的农场开始以副业的形式经营乡村民宿。物质基础是"家"概念的先决功能，家通过提供日常生活所必需的"衣食住"等基础功能而成为人类身体的栖息之地，是生活的场所。家代表着团结、统一、记忆和渴望等强烈的情感，这一情感意义是"家"概念的核心。但是在现代性和流动性的冲击下，人们忙于外出奔波，孩子得不到足够的陪伴，年轻人得不到足够的休息，老年人得不到足够的关心，家庭的功能越来越弱化。众多研究者指出，家庭旅游活动在促进家庭团圆、保持家庭纽带和建立家庭回忆上具有显著优势。乡村民宿设计中，对于家文化的体现以及夜经济的融合便显得尤为重要。

乡村民宿设计中离不开对"宿"的基本需求，但在此基础上现代人更需要情感上的慰藉。精神文化往往是和物质生活结合在一起的，例如我们最为熟悉的、以婚姻和血缘关系为基础的家庭生活，这其中包括家庭生活环境、生活方式和生活习俗。在乡村民宿设计中，我们不仅要注重家文化内涵的体现，还应将乡村夜经济统摄其中。万家灯火，万般深情，"夜经济"常见于城市，主要指人的夜生活，一般是指当日下午6点到次日凌晨6点所发生的以服务业为主的经营活动的总称[15]。"夜经济"不只属于城市，也属于乡村，在乡村民宿中体现得尤为明显，从"吃农家饭"向"借农家眠"纵深发展[16]。乡村民宿受到越来越多城市旅人的青睐，在乡村里住上几宿，正有力促进乡村"夜经济"发展，其中具体涵盖夜购、夜食、夜宿、夜游、夜娱和夜健等形态。家文化和夜经济的融合设计能够让乡村的夜间旅游从"亮化""美化"再到"文化"，实现一个递进式的体验升级。程雪松设计的三叶居民宿位于浙江省丽水市松阳县，"三叶寄情、孝悌承志、乡村振兴——松阳县吴弄村三叶居民宿设计"是吴弄村传统村落再生和地方重塑的一部分。吴弄村是国家住建部首批中国传统村落建设重点村，"入孝、出悌、循规、蹈矩……"吴弄村百年传承的家训刻在祠堂门楣处。孝悌文化深入吴弄村的文化中，乡村民宿和茶室的设计都围绕着孝悌文化建立符合当地文化特点的住宿环境。茶叶、烟叶、桑叶代表了吴弄村绵延百年的产业特点，蕴含场地的农耕文化底色，成为标识设计和室内设计的主要图案纹样，"三叶文化"是这一乡村民宿与茶室设计的情感来源。设计团队试图把情感和文化等柔性要素融入老屋改造，在有限的空间内重新塑造具有时空乡愁和场所精神的文化原乡。都市人生活节奏过快，家庭的温馨感成为一种奢侈品，通过设计的手法可以让父子之爱、兄弟之义以及夫妻之情带来蕴藉和温暖。在这个案例中我们不难发现，设计团队将"孝悌"文化融入了空间布局和设计中，看水、望山、忆乡愁，辉映出当下的家文化内涵，"家"成为整个项目的核心设计理念。

四、结语

乡村民宿的发展好坏受到旅游淡旺季的影响，其中，文化内涵和旅游功能占据重要位置[17]。旺季会出现住宿接待设施不足的问题，淡季则出现住宿接待设施闲置的问题。为了能够让当地村民在经济上有所提升，离不开让游客体验当地生活，宣传与保护当地自然、历史、社会、文化等活动组织。越来越多的民宿设计结合地方特色进行设计和经营，创造出具有新海派特色的新海派乡村民宿，这对当地乡村的文化发展和经济提升都能起到作用。随着乡村民宿发展，各地政府及从业人员也将目光投放于乡村民宿之上，对其未来有所期待，而且政府也介入乡村民宿的开发运营。

随着社会发展，大众消费水平提升，人民对美好生活的向往不仅只停留在物质层面，还表现在精神需求层面，注重空间体验感知的同时还需获得内在心灵的满足。新海派乡村民宿设计的策略关键主要有以下3点：一是对现有乡村产业、乡村文化、乡村社会这三者的有效整合；二是需要提升对异域旅人、异地游人、本地农人和在地化新农人自身价值和认同的重视；三是乡村民宿设计最终需落实到"家"之上，让乡村民宿兼具诗意与魅力，给予乡村村民社交情感上的关怀。

注释：

[1] 陈可石，娄倩，卓想.德国、日本与我国台湾地区乡村民宿发展及其启示[J].开发研究，2016(2).

[2] 赵一青，黄燕玲，赵佳星.近三十年来国内外乡村民宿研究进展[J].重庆文理学院学报(社会科学版)，2020，39(1).

[3] 龙飞，戴学锋，张书颖.基于L-R-D视角下长三角地区民宿旅游集聚区的发展模式[J].自然资源学报，2021，36(5).

[4]ArtChina.新海派发展的创新与创造——"新海派与未来美术教育发展"论坛综述[J].艺术当代，2021(5).

[5] 郑崇选.新海派艺术的文化语境与理论重构[J].上海艺术评论，2022(1).

[6] 新华社.习近平：高举中国特色社会主义伟大旗帜 为全面建设社会主义现代化国家而团结奋斗——在中国共产党第二十次全国代表大会上的报告[EB/OL].(2022-10-25).http://www.gov.cn/xinwen/2022-10/25/content_5721685.htm.

[7] 同[1]。

[8] 程雪松，杨璐.从一段展墙谈起——第22届米兰三年展中国馆上海美术学院展区的主题策划与空间演绎[J].南京艺术学院学报(美术与设计)，2019(4).

[9] 上海市农村经济学会.李窑村[J].上海农村经济，2020(8).

[10] 孟凡行，康泽楠.介入到融和：艺术乡建的路径探索[J].中国图书评论，2020(9).

[11] 梁漱溟.乡村建设理论[M].上海：上海人民出版社，2011:403.

[12] 季中扬，康泽楠.主体重塑：艺术介入乡村建设的重要路径——以福建屏南县熙岭乡龙潭村为例[J].民族艺术研究，2019(2).

[13] 李琳.回归迷失的自然——浙江莫干山裸心·谷度假村[J].动感(生态城市与绿色建筑)，2014(2).

[14] 同[2]。

[15] 冯雪玉.乡村游越游越诗意 夜经济越夜越美丽[N].内蒙古日报(汉)，2022-04-11.

[16] 王立彬.让"夜经济"灯光温暖百姓夜生活[N].新华每日电讯，2019-08-08.

[17] 同[16]。

作者单位：

宋洋 上海大学上海美术学院硕士研究生

笔者毕业创作作品《新海派乡村民宿——阡陌乡居》剖面图（宋洋/绘制）

5.7 从艺术乡建到筑梦之旅：以"摩登田野"为例

[摘要] 伴随我国"乡村振兴战略"愈加精准化、个性化，"艺术乡建"需要更加当代化、在地化，从而回应城乡经济社会发展一体化的要求。本文基于中国国际"互联网+"大学生创新创业大赛，剖析"青年红色筑梦之旅"项目"摩登田野"如何以艺术设计引入先进理念，进而与乡村文化和大学生创新创业教育深度融合，以赛促教，推动学生从"纸上谈兵"的设计师转为"面向社会"的创业家，从双创育人的视野探讨艺术乡建的可持续发展。

[关键词] 艺术乡建 创新创业 乡村振兴 摩登田野 双创育人

一、项目概况

（一）项目缘起

在教育部的"互联网+"竞赛中，红色筑梦之旅赛道是众多高校开展"乡村振兴"的重要竞技场。近年来，不少艺术类院校通过"艺术+乡村"的方式投身红色筑梦之旅，存续乡村物质空间，传承当地传统文化，织补遗失的乡村记忆，推动产学研用的链接和多场景应用。上海大学上海美术学院师生肩负传承"新海派文化"的使命，依托"乡村精准振兴战略"与"发挥重大文化创意产教融合项目的产业带动作用"等政策，在奉贤区南桥镇江海村实施"摩登田野——艺术设计赋能新海派乡村振兴"品牌活动（简称"摩登田野"活动），未来还拟于上海周边特色乡村持续开展，直至向长三角地区拓展，实现新海派乡村的复兴。以此为基础参与大学生创新创业活动，学生创业团队面向真实的海派乡村开展双创工作的能力得到显著增强和提升。

（二）项目特色

"摩登田野"通过艺术设计焕发乡村活力，塑造素朴而摩登的乡村新形象，特色主要体现在两方面：一是促进了乡村第一、第二、第三产业的融合，"农村三产融合的特征是产业链延伸、产业范围拓展和产业功能转型"[1]。笔者和策展团队将展览地址选在蔬菜大棚，将第二、第三产业等通过一产空间集聚，形成集群，并通过艺术对第一、第二产业进行提升。二是高校学生在教师和艺术家的带领下下沉到基层社区，从乡村田野中汲取营养，浇灌出文艺的百花园为人民绽放，学生意识从"实践思维"转向"创业思维"。

（三）项目社会反响

"摩登田野"首次活动后,《澎湃新闻》《解放日报》《青年报》和《公共艺术》杂志等沪上多家媒体对活动进行深度访谈和评论；上观、文汇、新闻综合频道等大众媒体对活动进行报道；各类新媒体、自媒体也对活动进行广泛传播，在短短两周时间内产生10万+的浏览量。

二、培养大学生面对困难、永不言败的双创精神

（一）敢想：将高校科研成果转化为创业项目

通过对一次"艺术下乡"的活动进行梳理、提炼、再思考，把已有成果"与经济社会各领域深度融合，推动技术进步，提升实体经济创新力和生产力"[2]的过程是为敢想。笔者组建团队将"摩登田野"活动转化为"互联网+"大学生创新创业大赛"青年红色筑梦之旅"项目，进行二次创新，完成成果整合再输出。团队围绕本届主题"青春领航乡村振兴，红色筑梦创业人生"，通过构建多学科的项目团队、围绕惠农兴农等实际问题、凝聚乡村文化、讲述乡村故事、创新服务模式、拓展项目的可复制性，最终把服务社会与思政教育相结合，体现出大学生敢想敢干的双创精神。

（二）敢闯：在困难中不断突破上限

在创新创业的过程中，打破局限，永不言败，敢于走出舒适圈，矢志不渝地改进项目。项目在可持续发展方面屡屡受到创投专家的质疑，但是团队凝心聚力，不轻言放弃，积极与政府、村委会和艺术家等多方资源进行对接，构建合理的运营模式，让专家看到了团队的魄力与项目的更多可能；在创业导师提出项目缺少高屋建瓴性的眼光时，团队虚心接受，深度分析市场现有解决方案，悉心钻研各类企业、高校、政府、艺术家的艺术乡建方案存在哪些弊端，将乡村特色、村民意愿、未来发展等要素统筹考虑，提出解决方案；评委认为团队主要成员来自艺术设计学科，在创业中会较为感性，缺乏对商业逻辑的理性认识，但是笔者及团队系统梳理项目的内在理路，以富有视觉冲击力的PPT演示全面体现项目特色，最终征服了评委。

（三）会创：将创新意识转化为产品和服务

区别于现有解决方案，提出与众不同的艺术乡建模式，通过开源节流、向同领域优秀项目学习，吸引资本市场的青睐。项目启

动资金来源于上海市教委"上海文化创意产教融合引领项目",未来还将持续申请各类政府文教基金。同时,创新项目运营模式,激活公益链条,形成自我造血模式,主要通过4方面实现:①学生根据乡村特色进行实质产出,作品进行线上线下拍卖获得部分服务代理费;②挖掘乡村特色,开发文创衍生品,与当地旅游产业结合进行售卖;③用艺术语言展示乡村发展新貌,讲述乡村故事,获得地方政府乡村振兴专项资金支持;④以在地艺术创作为乡镇企业代言,为企业进行艺术赋能,获得企业支持。在创新的过程中学习"艺展+"项目多平台、跨领域的持续宣传模式;与"AAA ART"项目线上营销平台合作,增加"摩登田野"IP知名度与抗风险能力;从"MetaPark数幻游园"等项目吸收元宇宙灵感,共同打造虚拟仿真平台。

三、提升大学生运用专业知识、服务社会的双创能力

(一)发现潜在需求

从表面来看,乡村需要振兴的原因是城乡发展的不平衡。政府层面,不少乡村都在积极申报"乡村振兴示范村",亟需构建特色,打造优势;社会层面,产业分布碎片化,未能形成整体乡村故事,需要招商引资;百姓层面,大城市周边乡村文化空心程度高,需要丰富农人乡民精神世界。笔者还通过和村书记的交流了解到上海周边的不少乡村干部都有招商的任务,如何依托文化资源构建良好的营商环境,讲好乡村故事,塑造"小而美"的海派乡村新形象是村集体的共同诉求,而既有颜值又有气质的艺术展览正回应了他们的关切。奉贤区正以"文化引领、产业带动"作为引领,积极推进乡村振兴。这表明当地乡村在文化浸润、艺术下乡方面存在着较大的需求,而这种需求完全有可能被转化为创业驱动力。

(二)整合需求、形成工作方案

根据上述一系列需求,问题归结为:如何讲述新海派乡村故事?如何塑造具有情感浓度的乡村新形象?

用每个村民都能听得懂的在地性语言讲述看得见的乡村故事,主要体现在4个方面:其一,展览地点选在海马营地边的蔬菜大棚,使用火龙果配色的视觉方案以及"田"字型的空间划分,将田间的蔬菜大棚转变为摩登的艺术展览空间,将青村黄桃、庄行蜜梨等当地特色农作物通过投影映射在大棚上,以艺术设计和二次包装对当地农产品进行宣传。其二,展览时间选在二月底,既是农闲之际,

又是万物含蕴、生机暗藏、冬春之交时，乡村美育展的开幕饱含了对农业生产、经济发展、乡村振兴的美好祝愿。其三，项目策展人由高校教师担任，牵引艺术家、大学生深入基层，引入学术资源，为乡村带来朝气与活力。其四，展览分为"归田、归家、归艺、归心"4个主题展区，回应了在疫情环伺、科技主导的今天，人需要通过艺术来感知自然、敞开心怀、回归本心，"从而走出科学技术的困囿并创建诗意的栖居"[3]。基于以上4点，高校师生与当地村民、乡村大棚与优美灯光、农耕之地与摩登展览交织组成"看不见和看得见的和谐"，形成问题解决方案。

（三）推动方案落地

方案落地需要克服许多现实挑战，培养了大学生转危为机的应对能力。一是展览空间转换的挑战：从封闭的美术馆到开放的蔬菜大棚，从平整的地面到泥泞的土壤，对参展艺术品、照明、展览路线都提出了新的要求。在选品的时候挑选耐候性强、体现乡村审美价值的作品，比如，赵蕾的《搪瓷年代》使用了20世纪的搪瓷脸盆，黄更的《MIX·竹》采用的毛竹就仿佛从土地中生长出的；在照明上，由村委会帮助搭建了简单的大棚照明，同时由孔苟团队利用大棚塑料薄膜的表面设置了灯光秀；在展览路线上，在土壤上铺设"田"字型木栈道作为展览通道，形成有组织的展览线路，并且回应了主题，分割了4个展区。二是疫情的挑战：2022年上海市疫情不断，上海大学师生在寒假前后经历了多次封闭式管理，活动面临着时间不可控、人员不确定、线下难组织等问题，笔者和策展团队经过反复论证、认真准备、谨慎安排，在夹缝中确定展览开幕时间，制定"线上+线下""展览+论坛""交通工具分散化"等多种组合方案以应对各种不确定性。三是资金不足的挑战：大棚的面积达948平方米，共展出34件作品，尽管已经减免了场地费用，但是还有物品运输、专家咨询、市内交通、展览搭建等支出，文创引领项目经费无法覆盖以上内容，笔者和团队与多方面进行接洽及沟通，促成了企业赞助活动纪念品，上海大学上海美术院组建青年志愿者团队承担礼仪、场务等工作，以公益的方式招募艺术家，以分类别、多样化的方式解决展品运输问题。

面对现实的挑战与实施的困难，大学生在真实活动的磨砺中认识社会，了解乡村运营情况，增强服务社会的能力。通过联系不同群体，开展乡村美育活动，运营城乡品牌，与多方主体价值共创，塑造把理念变成产品和服务的能力，从作壁上观到躬身入局。

四、拓宽大学生立足上海乡村现状的双创视野

（一）开展跨学科合作，打破专业壁垒

笔者组建了一支跨学科团队，包括艺术设计、建筑学、商科、社会学等专业背景的15名大学生，共同完成双创挑战。

艺术设计成员全程参与了项目从策划到落地，因此在后续的创业中形成了"设计+"的专业合作模式，增加了成员黏性；商科同学主要负责撰写商业计划书，聚焦3个问题即"项目解决了社会的哪些痛点""如何保证可持续的发展""目前市场上有哪些解决方案，我们的优势是什么"；建筑学成员有较为丰富的乡村实践经验，近年建筑系组织围绕"山海三门，未来乡村"开展的一系列活动，为项目提供借鉴与启发；社会学同学提出了可能遇到的风险情况，并提出要注意介入者与村民之间的关系，平衡双方的现实目标和关于艺术赋能的看法。

（二）以问题为导向，避免以视觉为指向

以视觉审美为唯一指向的工作模式无法实现全链条的营销，其他学科的加入更好地解决了实际问题。经过前文的需求挖掘、方案定制、专业融合，得出创业核心问题，以核心问题为牵引，形成多层次的问题链，形成解决方案。"应该以文化作为精神的指引，通过产品设计和人才培养，让旅游产品获得新的价值的同时做好传统文化的发扬与传承是关键。"[4]例如，为了更好地促进城乡资源互通，商业分析组制定了"Product（产品）+Promotion（营销）+Place（渠道）+Price（价格）"的4P模式，通过在地创作及美育成果的义卖等公益活动，加深城市居民对美丽乡村的理解，促进文化传承和创新，坚定文化自信，实现艺术赋能乡村。同时，公益活动的收益将用于下一次的品牌建设和乡村儿童美育的经费，让美照亮更多心灵。

五、为大学生搭建高起点、多层次的双创平台

（一）拓展人脉

通过双创竞赛，为大学生搭建人脉平台。通过校内导师的积极引导与校外专家的竞赛政策解读，充分向已获得国家级金奖的项目学习。校内跨学院导师从不同视角为学生提供指导，例如，来自悉尼工商学院的帅萍副教授陪伴超过200名创业者、企业家成长，她从竞赛项目、技术路线、公益模式、汇报时间分配、市场同类项目分析等对团队进行

了指导,为大学生创业启航吹响了号角。校外创投专家阐述市场真实情况、分析项目可持续性,例如,企业导师蒋公宝对各类优秀创业项目充分解读,让大学生直观地感受到同龄人创业时,是如何进行企业战略管理、团队建设的。众多艺术乡建的实践者用自己的亲身实践来向大学生传达如何在产业能级上为乡村增添可持续发展的动力。

大学生在双创竞赛中展现自我、交流学习,形成"输入—运用—输出—再输入"的循环,人脉的积累成为大学生踏入社会大门的桥梁。

(二)提供项目

在项目持续孵化的过程中,大学生了解到更多竞赛通道、创业途径、公益机构,借由竞赛锻炼自我,在实干中认识更多项目。学校团委与创新创业中心承办的"挑战杯"竞赛(校赛称为"自强杯")从创新类合并为创新创业两手抓赛事,培养学生双创意识;教务部承办的"互联网+"为学生搭建与企业、高校合作的创新创业平台;校、院两级团委承办的大学生创新创业项目与寒暑期社会实践活动不断促成学生"老带新",促进项目不断更新。

大学生在各类竞赛平台中,结识优秀的项目与负责人,通过"师"与"生"身份不断转化,实现"人、事、物"资源持续滚动,"培养—孵化—反哺"更多创业项目。

(三)开发应用场景

竞赛推动学生为社会开发新的模式与应用场景。对高校而言,能够将重点、一流课程的开发导入新城的文化空间和乡村的展览空间,例如"商业空间设计"课程促进学生创意作品转化,为社会培养具有策划演绎、展览陈列、运营管理的创意人才。

对当地博物馆而言,能够引进艺术类师生开发文创周边产品,高校教师进入博物馆担任策展人,举办展览。对乡村而言,学生创客下乡,积极经营衍生产品与服务,从中产生艺术成果,推动第一、第二、第三产业融合发展。这一系列举措"提升乡村面貌和整洁的环境,满足现代艺术审美,基建完备,生成新的文化艺术空间,较强的宣传作用"[5]。对线上的虚拟场景而言,提供了场景建构的雏形,能够在大棚元宇宙中进行艺术品拍卖、文创周边售卖、虚拟策展等一系列活动,为艺术家和高校师生提供新的实验舞台。

六、为大学生提供筑梦新舞台

(一)引导大学生处理好"公益"和"功利"的关系

大学生在面对升学、就业等现实压力时,

经常被"绩点""获奖"等因素束缚想法，久而久之，被外界的声音左右，失去了自我表达的能力，也忘记了公益。创业时常常都是"没有项目硬凑项目""为了创业而创业"，项目本身并不能够解决社会问题，创业团队组建随意，难以持续，在功利的同时疏忽了社会价值。更有甚者，在创业团队中，对项目不了解，只是为了有一个"简历"。在推进"摩登田野"活动的过程中，青年学子走进乡村，贴近实际、贴近群众、贴近生活，感受到乡村的淳朴，对乡村抱有敬畏之心，产生情感。"做乡建的人必须要有针对自己的价值规范，即收敛自己的野心，无论是所谓俯视拯救的价值之心，还是所谓全知全能的认知优越之心。"[6]

"摩登田野"让高校学生走到上海郊外，让田野成为流淌时尚气质的现代场域，让学生在实践的过程中了解公益的内涵，去除功利的驱使。

（二）帮助大学生在"真实"和"虚拟"世界中找到结合点

疫情造成大学生在近3年线下接触社会的机会变得更少，许多社会实践只能在线上进行。毕业季来临时，慢就业、懒就业、难就业的情况加剧，因为学生对真实世界不够了解，没有底气，不相信自己能够为社会创造价值。学生在网络上"调研"，在各类媒体网站上寻找参考项目、在知网和数据库上进行文献阅读、通过照片了解项目基地，不关注真实世界与人民实际需求，依靠前人经验和自我推测完成前期调研。"而如想更深一步地理解'艺术'，最吃紧的关键词则应当是'社会'。"[7]"摩登田野"项目让青年学生关注乡村、关注农民、关注脚下。学生带着创业项目走进乡村，依据展览举办地的风土人情进行创作，充分挖掘乡村人文养分，体会良渚文化的遗韵、体味美丽经济的浪潮、体验乡风民俗的淳朴、体尝田野劳作的艰辛，在向乡土学习和与村民沟通的过程中推动自身专业能力发展，体会到纯粹地为人民而艺术的愉悦感。

（三）促成大学生在"他信"和"自信"中坚定理想

"中西文化在近代上海的接触、交流与融合从器物、制度到精神全面而深入。"[8]因为长期受到西方文化影响，不少大学生会先入为主地在西方文化中吸取灵感，从网上寻找西方设计师的案例，导致长期与传统断裂。

乡村作为精神原乡，保有完整、连续、有生命力的在地性文化，能够给大学生的心灵带来力量。只有走出家门，去感受美，才能产生心灵激荡，寻找到设计的原初动力。

团队成员通过对当地少儿进行美育输入，使其与家乡农旅文化建立情感连接，创造出具有乡土特色、个人情怀的艺术作品。少儿淳朴的情感表达与艺术演绎启发青年，开拓彼此视野与想法，从而迸发出全新的创作灵感，培养善于独立思考、脚踏实地的青年艺术家。青年艺术家在吸收本土人文养分的过程中，形成文化认同创造出具有真情实感的艺术作品。

结语

目前来看，艺术乡建主要有4类，分别是由高校、政府、资本、艺术家等主导：高校主导的优势在于能够培育学生的双创精神，但是欠缺在地性乡村自主提升机制；政府主导的优势是动员力强，执行有力，但是不容易深入基层，精准性也不够；资本主导的优势是能够短时间内改变乡村面貌，但会造成同质化现象；艺术家主导个性化强，但往往难与乡村力量呼应，缺乏连接性。

"摩登田野"结合其中优势，规避劣势，由高校牵头、政府立项、艺术介入、多方支持，共同助力艺术赋能乡村振兴。策展团队创意性地选择了江海村的塑料大棚作为艺术展览空间，同时将周围的房车、田野转换为衍生展厅。"大棚美术馆"生长在土地上，艺术家踩在泥土上，充分调动身体感知，从中汲取艺术滋养，并回馈乡村，好比泥土吸收雨水后再次滋润果蔬，形成正向循环。

从艺术乡建到筑梦之旅，从乡村振兴项目到双创育人，竞赛促使大学生塑造自我，走上一段实现梦想的旅程：充分发挥专业特长，勇敢面对现实问题，塑造了矢志不渝的双创精神；挖掘上海乡村发展潜在需求，调整产品与服务模式，培养了"因村制宜"的双创能力；通过跨学科交流，不断弥补专业盲区，打破知识壁垒，开拓了以问题为导向的双创视野；结合现有解决方案，为大学生、艺术家、高校、博物馆、乡村、线上虚拟平台搭建了更高层次的双创平台。

"艺术与技术相比较是更为多样与原初的解蔽方式"[9]。在"摩登田野"中，艺术不仅仅是介入乡村，也介入了每一个参与者的心灵，呼唤设计师回归自然，回到本心。面对不断向人类发起挑战的疫情、城市环境恶化、战争，与饥饿，思考如何在这样的环境中"栖居"[10]似乎显得更加可贵，"摩登田野"给出了一种以大学生为主体的乡村振兴模式，学生走出心灵的贫瘠之地，走向丰饶的田野，在纯美的村庄里涵养艺术的才能，自觉地理解人生，借以实现美的理想。

注释：

[1] 姜长云. 推进农村一二三产业融合发展新题应有新解法 [J]. 中国发展观察，2015(2).

[2] 张岩. "互联网+教育"理念及模式探析 [J]. 中国高教研究，2016(2).

[3] 何泽宇. 技术统治与艺术拯救——论海德格尔的艺术美学思想 [J]. 兰州工业学院学报，2021，28(5).

[4] 李文婷，陈丽琴. 乡村振兴战略背景下乡村文旅产业发展的思考 [J]. 农业经济，2022(6).

[5] 杨茜好，翁时秀. 公共艺术介入乡村建设失效过程分析及影响机制研究——以云南省元阳阿者科村"哈尼娃"为例 [J]. 地理科学进展，2022，41(2).

[6] 严俊. 艺术乡建与文化自觉：关于目的、过程与影响的社会学思考 [J]. 艺术工作，2021(6).

[7] 霍华德·S.贝克尔. 艺术界·序 [M]. 卢文超，译. 南京：译林出版社，2014:1.

[8] 熊月之. 上海租界与文化融合 [J]. 学术月刊，2002(5).

[9] 何泽宇. 技术统治与艺术拯救——论海德格尔的艺术美学思想 [J]. 兰州工业学院学报，2021，28(5).

[10] 海德格尔，丹明子. 海德格尔谈诗意地栖居 [M]. 北京：中国工人出版社，2011:58.

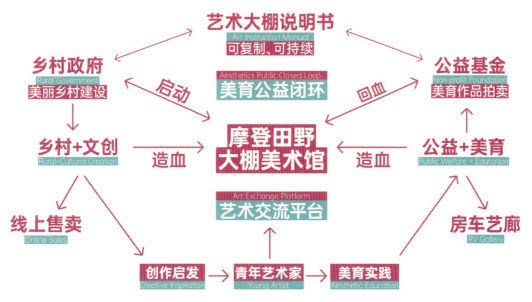

"摩登田野"大棚美术馆说明书（达天予、刘样、冯雨欣/绘制）

作者单位：

达天予　上海大学上海美术学院硕士研究生

5.8 文旅融合视角下的乡镇商业环境更新

[摘要] 在全面推进乡村振兴的背景下,如何发挥文旅资源优势,实现产业转型升级、乡镇商业环境更新至关重要。文章结合文旅融合发展趋势和热点,提出现今乡镇商业空间"重旅轻文""重文轻旅"与"文旅分离"等问题,从"文化""消费""技术"三方面分析成因,辩证看待"文化"与"旅游"两者的协同效应和优化前景,提出"在地文化的全新演绎""精神消费的适时切入"与"创新科技的合理利用"三大更新战略,是乡镇商业可持续发展的重要步骤,是重塑乡镇商业空间的有效途径,对未来发展有借鉴意义。

[关键词] 乡镇商业环境 文旅融合 文化记忆 精神消费 数字化转型

乡镇商业是带动当地经济发展的重要组成,而乡镇商业环境是影响乡镇商业发展的重要因素之一。随着人们旅游消费能力的不断提升,游客对出游品质的要求也水涨船高,越来越多的游客追求个性化的出游方式与体验。旅游产品呈现多样化发展的同时,游客的消费行为也由物质性消费趋向精神性消费。为了顺应消费者的需求,各大商业空间不断转型升级,打造集多项功能于一体的商业模式。然而,在其更新的过程中,不乏一些开发者过度重视商业,罔顾地域文化,缺乏运营逻辑,盲目地追求毫无内涵的所谓"网红"视觉冲击力,造成价值缺失、文化流失、同质化严重等问题。

在当前城市发展建设由"增量扩张"向"存量提质"的转型过程中,产业转型升级与革新发展均迫在眉睫。实业家们逐渐将目光聚焦于业态融合,将文旅产业及相关要素进行聚合重组、渗透交汇,以此逐步突破以往的产业边界,催生出新的业态共存体,这一过程被定义为"文旅融合"[1]。"文化"与"旅游"的融合兼具各自产业特征,既创新了既有产业的发展模式,又进一步丰富了各自的内涵,实现产业的双向优化[2]。在此过程中,"文化"与"旅游"二者辩证共存、相互促进、协同发展。本文以此为背景,聚焦于文化产业与旅游产业两个方面,以"文旅融合"为指引,探讨乡镇商业环境更新的现状问题、问题成因及解决办法。

一、乡镇商业空间现存问题

当前,乡镇商业环境存在着"重旅轻文""重文轻旅"与"文旅分离"的问题。首先,乡镇的消费市场缺少文化底蕴,呈现出"重旅轻文"的特点。"重旅轻文"的乡镇商业空间因地理位置、营销手段等优势使得乡镇商业环境内并不缺乏人流量。然而，千篇一律的业态和缺少文化底蕴的商品将消磨消费者的兴致，终将导致其落寞的结局。"重旅轻文"的乡镇商业环境包括两种情况，一种是没有任何文化积淀的乡镇商业环境，这样的空间并未对其文化内涵精准定位，无法可持续发展；另一种是具有深厚的文化资源，但并未进行有效的利用与传播，这样的商业环境通常能通过夸张的形式或文化符号吸引到对文化有探索和学习欲望的消费者，但其中的肤浅与无趣决定了其最终的失败。

其次，乡镇商业环境缺少文化传播的窗口，呈现出"重文轻旅"的特点。尽管"重文轻旅"的乡镇商业环境拥有着丰厚的文化底蕴，但因其发展定位不准确、对消费者需求忽视、旅游配套资源匮乏等原因无法聚集客流量，往往呈现门可罗雀的状态。同时，这也影响了当地商业宣传、文化传播等过程，从而陷入一种恶性循环之中。

最后，乡镇商业环境的活力较难激发，呈现出"文旅分离"的特点。"文旅分离"的乡镇商业环境主要为文化产业、旅游产业发展理念的分离。不同地域场所乃至不同商家都有其自身的文化特质，如若旅游产业的发展并未以场所或商家原有文化特质为基础，文化产业的发展未以当地旅游模式为前提，那么文化与旅游将自此"分道扬镳"，必将形成矛盾的发展局面。

二、乡镇商业环境问题成因

造成当前乡镇商业环境"重旅轻文""重文轻旅"与"文旅分离"问题的原因主要有3个。

其一，已有乡镇商业环境建造忽视了在地性文化。乡镇商业环境在发展过程中为了迎合城市的扩张，适应全新的消费模式与习惯，缺少对有关在地文化的深入思考。部分乡镇商业环境及相关文创产品未发掘到在地文化的精髓，盲目仿古，流于表面，无法打动消费者。

其二，乡镇商业的精神性消费不足。精神性消费包括消遣性精神消费、发展性精神消费和超越性精神消费[3]。目前大多数的乡镇商业环境基本满足较低层面的消遣性消费，而发展性和超越性精神消费比较少；难以让消费者在环境中完善和升华自己，无法实现更高层面的精神追求。

其三，乡镇商业环境的数字化转型较为落后。不同行业间数字化转型的重点与路径差异较大，大多数乡镇商业空间因缺少针对性的数字化转型升级方案，迟迟没有开启有益的尝试。数字化转型的落后导致乡镇商业环境无法向消费者提供便捷高效的服务，最终导致其核心竞争力与吸引力的不足。

三、文旅融合视角下的乡镇商业环境更新策略

（一）在地文化的全新演绎

在地文化是特定区域的生态、民俗、传统、习惯等文明的集中表现，传达着各地专属的气质。乡镇商业环境的可持续发展离不开在地文化的凝练与演绎。乡镇在地文化于商业环境中的全新演绎主要体现在3个方面。

首先，对乡镇历史遗存的保留与更新。历史遗迹是一个民族的物质文化与精神文化留存，亦是一个民族乃至一种文明的发展见证。在进行蕴藏历史遗迹的乡镇商业环境更新时，应尊重场所的文物和古迹，探寻其活化之道。比起大刀阔斧的拆除或盲目从众的新建，借助场所的文化积淀为商业环境赋能方为上策。

其次，对地域文化的凝练与表现。切实可见的文化遗存能带给人们直观的文化洗礼，针对商业环境的更新研究应落实到具体的空间、时间和人上，在地发掘场所的文化特质，从理念、材料运用、空间、意境等层面进行重构与活化；用"有限"的设计手法，体现"无限"的文化精神。

最后，体现在集体记忆的唤醒与传递。作为民族认同的基础，集体记忆是共同体合法性的重要来源。乡镇商业环境更新应以尊重的态度对当地的文化进行发掘，重塑某段场景，唤醒某段记忆，使民众感受场所精神与文化传承，引发其情感共鸣，进而增强民族认同与文化自信。

（二）精神消费的适时切入

随着社会经济的飞速发展，消费重心由物质消费逐渐转向精神消费。因而，精神消费的适时切入是乡镇商业环境更新的一个重要趋势，其主要体现在两个方面。一方面，乡镇商业环境中融入文化艺术场馆及元素。艺术场馆的开发模式应以保护利用为前提，以现代艺术场馆理念为指导。文化艺术元素包括艺术展览、艺术装置、艺术活动等，其在吸引消费者的同时，激发了商业环境的文化性，改善乡镇商业空间的品质，增加空间趣味性，满足了消费者多样、高层次的精神需求，实现空间的差异化发展。另一方面，主题演绎应贯穿乡镇商业环境。乡镇商业环境中的主题演绎依托于空间场景布置与场所氛围营造，从视觉效果与空间内涵两方面出发，引起场景与消费者情感之间的共鸣。乡镇商业环境一旦拥有故事性，便能让消费者在真实与梦幻之间停留、消费、探索、发现。同时，其亦能带给消费者愉悦、震撼的体验，

进而达到人、商品与环境的相互融合。

（三）创新科技的合理利用

科技创新是增强乡镇经济竞争力的关键，科技赋能作为"吸客"利器，渐渐成为乡镇商业环境更新的突破口。在乡镇商业环境更新中应合理利用创新科技。

首先，乡镇商业环境对于新型科技的运用应顺应时代步伐。一方面，AI和大数据等技术服务对乡镇商业环境的支持，有助于科学地、精确地收集相关场所信息，发掘场所不同阶段的问题，从而为场所后续的空间转型、模式更迭打下坚实基础。另一方面，搭建智慧管控平台亦能使乡镇商业服务更加便利与智能，为消费者提供更精准、更优质的服务供给。乡镇商业环境需要根据场所特点及自身属性探寻适合的数字化转型角度、阶段与方式。

其次，数字文化应提升乡镇商业环境的沉浸体验。乡镇商业环境应从视觉、听觉、嗅觉、味觉、触觉五感出发，借助先进的科技手段使得消费者与场景发生全方位的互动，满足消费者的多重体验需求，实现真正的沉浸式体验。声、光、电等科技手段使商业环境更富感染力的同时，提升乡镇商业的竞争力。此外，不同乡镇商业环境的处境、资源等各不相同，因而，其应根据场所优势及自身属性制定适合的沉浸式体验方案。

最后，乡镇商业环境中所介入的科学元素应展现科技精神。就商业环境而言，科学元素的视觉化呈现是其展现科技精神的重要途径。其不仅能为大众普及科学知识，亦能激发大众对科学的好奇与探索，传递科技精神。

四、结语

本文首先基于当前城市转型、消费转型、大众需求层次提升等背景，从"文化"与"旅游"两个层面分析乡镇商业环境发展现状，得出乡镇商业环境存在着不同程度的"重旅轻文""重文轻旅""文旅分离"的问题。其次，从"文化""消费"与"技术"三方面总结出"在地文化的忽视""精神性消费的不足""数字化转型的落后"的问题成因。最后，针对乡镇商业环境现存问题，以文旅融合理论为指引，提出"在地文化的全新演绎""精神消费的适时切入"与"创新科技的合理利用"三大更新策略。在"文化"与"旅游"融合的过程中，"文化"为"旅游"赋能，"旅游"为"文化"提供载体。乡镇商业环境在文化介入的过程中愈发的独特与深刻，文化在乡镇商业发展的过程中得以留存、传播、继承与发扬。

注释：

[1] 罗玉芬. 基于文旅融合视角下历史园林的保护与利用——以珠海市唐家共乐园为例 [J]. 文物鉴定与鉴赏，2020(15).

[2] 张艺博. 文旅融合视角下陕北乡村旅游品牌形象构建研究 [D]. 西安：陕西科技大学，2021：38-44.

[3] 祝光耀，张塞. 生态文明建设大辞典：第一册 [M]. 南昌：江西科学技术出版社，2016:148.

笔者毕业创作作品《"涟漪"旅游服务中心与珠玑阁》
（费陈丞/绘制）

作者单位：
费陈丞 英国爱丁堡大学硕士研究生

（本文根据作者硕士学位论文改写而成）

附录 活动照片

附录 1 展览现场

附录 2 视觉衍生品

附录 3 大棚后续利用效果

附录 4 江海村影像

附录 1 展览现场

搭建过程

现场观展、合作签约

嘉宾发言

"摩登田野——2022新海派乡村美育展"与会人员合影

附录 2　视觉衍生品

邀请函

尊敬的 _____ 先生/女士：

您好！

诚邀您莅临上海奉贤南桥，参加由上海大学上海美术学院、奉贤区文化和旅游局、奉贤区南桥镇人民政府主办的"摩登田野——2022新海派乡村美育展"开幕式。

开幕式时间：2022年2月28日 下午14:00——17:00
开幕式/展览地点：上海市奉贤区南桥镇江海村海马营地大棚美术馆
展览时间：2022年2月28日——2022年3月30日

联系人：

崔女士
电话：15172488817
邮箱：cuishijin@hifa.edu.cn

陆女士
电话：15800821824
邮箱：3176019714@qq.com

地图导航搜索：江海村海马营地

上海大学上海美术学院　奉贤区文化和旅游局　奉贤区南桥镇人民政府
2022年2月20日

邀请函与海报（林宏瀚/设计）

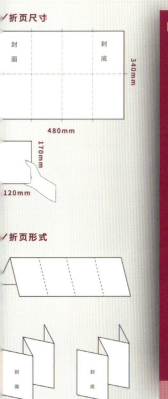

展览导览图（张楠楠/设计）

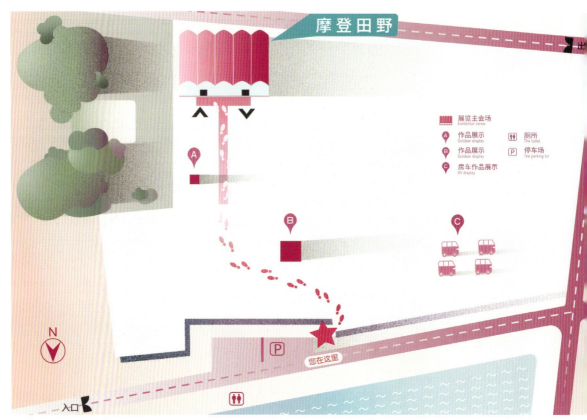

大棚美术馆导览地图（张楠楠）

展览海报现场效果（张楠楠/提供）

附录3　大棚后续利用效果

大棚后续利用效果（卢俊辉/设计）

附录 4 江海村影像

摩挲田野

江海村貌（张一戈、卢俊辉/拍摄）

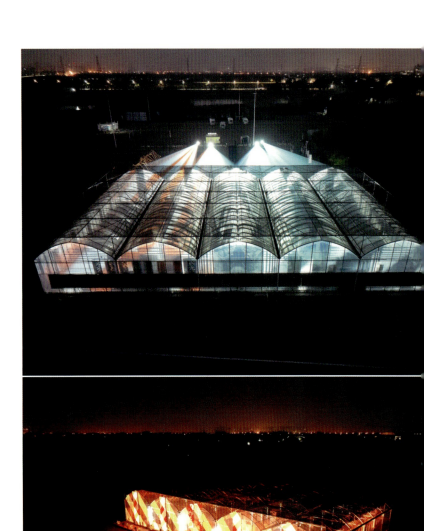

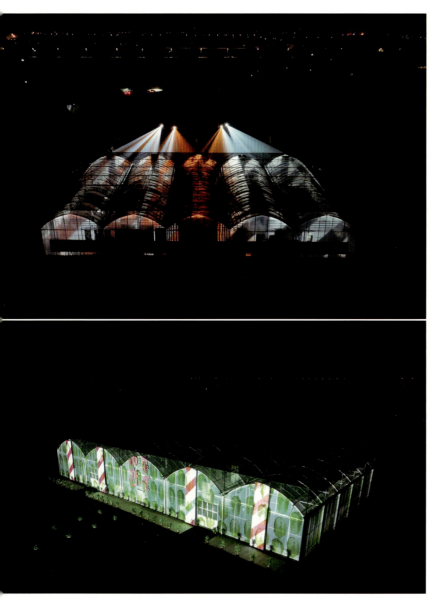

大棚灯光秀（孔荀/提供）

附录5 后续参展

"摩登田野——2022新海派乡村美育展"案例
参展于中华艺术宫"2022 风自海上——蝶变宝武与艺术社区场域"展览现场1（程雪松、崔仕锦/拍摄）

"摩登田野——2022新海派乡村美育展"案例
参展于中华艺术宫"2022风自海上——蝶变宝武与艺术社区场域"展览现场2(程雪松、崔仕锦/拍摄)

闲话"摩登田野"——代后记

闲话"摩登田野"——代后记

乡村何谓?乡村是"田夫荷锄至,相见语依依",还是"开轩面场圃,把酒话桑麻"?是"童孙未解供耕织,也傍桑阴学种瓜",还是"开荒南野际,守拙归园田"?古代诗词中的乡村意象体现了中国人血脉里的文化乡愁。然而随着城市化演进,乡村对国人而言已经变得越来越陌生,也越来越新奇,成为"现代性"症候下的新景观。传统文化乡愁与城市化疏离,使得都市人在传统农业叙事中寻找故乡,而新农人在现代工业文明中漂泊他乡。

乡村何为?乡村并非发展主义视野中的问题,更不是国际主义号角下的实验。乡村不能成为城市的附庸,也不应成为城市的再版。乡村环境系统与乡村社会的生产、生活、治理、文化相耦合,是一个自足的空间体系和生命世界。乡村也和大都市协同、博弈,在交互中反复印证自己。如果说都市澎湃着"现代性"的流岚,那么田野则辉映着"现代前"和"现代后"的虹霓,以文化自觉为己任的当代设计师,理应有所发现,有所建构。

乡村何往?徽派乡村古拙,苏派乡村醇厚,浙派乡村洒脱。李欧梵以"摩登"表征"现代性",作为上海与世界协商、斡旋的一种方式。以"摩登田野"描摹海派乡村,体现其与传统互动、与都市融合、与世界对话的意涵。在上海的郊外,田野是流淌时尚气质的现代场域,是海派文化传承和发展的家园。新海派乡村在文化消费视野中如何嬗变与更新,都市语境下的艺术与设计能否介入广袤的田野,"摩登田野"展览或许是一种求索。

乡关何处?自从党的十九大报告把"乡村振兴"作为国家战略提出以来,包括设计师在内的具有当代意识的知识分子纷纷投身乡村,参与社会主义新农村建设。他们应如何在乡村的生产、生活和生态之间找到适当的方位介入,关切其"硬环境"和"软文化"的一体两面,并把"我"作为系统中的一个能动性节点嵌入,从而获得某种"主体间性"?"摩登田野"展览力求对此有所回应。策展团队选择奉贤区南桥镇江海村的蔬菜大棚作为展览空间,意图依托塑料大棚的"间性"特征,传递出新海派乡村的"现代后"体验。

关于展览。展览由上海市文化创意产教融合引领项目支持,由上海大学上海美术学院曾成钢院长亲笔题名,分为归田、归家、归艺、归心4个分主题展区,展现人与乡村自然、人与乡建环境、人与乡土民艺、人与乡愁情感的关系,共展出作品30余件,包括艺术装置、在地创作、设计案例和美育活动4种类型,涵盖了表演、绘画、影像、建筑、产品等多种形式,其中既有高校教师的创作实践，也有著名设计师的精选力作，还有部分青年学子的主题习作。这些作品分布在大棚、房车、田野等环境中，把大都市乡村的日常生活场景，转换成"摩登"的审美化场所，设计师以艺术对谈的方式与乡村互动。展览中最重要的作品——大棚本是观赏性热带作物的种植空间，培育的是"温室中的花草"，现成为美育浸润的"大棚美术馆"，培养美丽乡村的建设者和美好生活的开创者。这隐喻着未来的艺术家和设计师走出温室，走向田野，从基层生活中汲取艺术滋养，成就人生价值。

奉贤区正在打造东方美谷，聚焦美丽健康产业。"摩登田野"展览源于高校延伸服务边界、开展美育浸润、艺术赋能乡村的创作实践。以美为媒，美美与共，相信开端于江海村的校地合作定能构建具有海派气质、学院品质和乡村韵致的美学品牌，探索城乡融合发展的新路径。

本书依托展览及相关工作内容，由策展团队的师生在疫情中仓促写成，经历了几个月的校园闭环和居家隔离，克服了心理上的焦虑和身体上的束缚，如果没有所有参展艺术家、设计师和学者等专业人士和研究生团队的热情投入，是难以实现的，特别向大家致以衷心感谢。你们对乡村的认同感也在书中充分体现。全书由博士生崔仕锦统稿，由硕士生张楠楠进行装帧设计，硕士生达天予进行速记稿校对，硕士生窦志宸等进行插图设计，其他许多参与工作的人员一时无法尽述。还要特别感谢上海大学出版社农雪玲等老师的关心支持。

党的二十大报告再次强调："全面推进乡村振兴。坚持农业农村优先发展，加快建设农业强国，扎实推动乡村产业、人才、文化、生态、组织振兴。巩固拓展脱贫攻坚成果"，情系乡村，梦归田野的艺术设计同仁理当有所作为。

程雪松 葛天卿

辛丑年岁末